雅理译丛

编委会

（按汉语拼音排序）

雅理译丛

田雷　主编

雅理

其理正，其言雅

理正言雅

即将至正之理以至雅之言所表达

是谓，雅理译丛

The Myth
of Digital
Democracy

数字民主的迷思

〔美〕马修·辛德曼（Matthew Hindman）/著
唐杰/译

中国政法大学出版社

2016 · 北京

数字民主的迷思

THE MYTH OF DIGITAL DEMOCRACY

by Matthew Hindman

版权登记号：图字 01 - 2013 - 6428 号

本书出版得到重庆大学中央高校基本科研业务费项目（CQDXWL - 2013 - Z006）、北京大学法治研究中心·敏华研究基金的支持

献给查克、凯伦和纳森

译 序

马修·辛德曼（Matthew Hindman），普林斯顿大学政治学博士，目前为乔治·华盛顿大学媒体与公共事务学院教授。他曾在哈佛大学政府系和哈佛大学肯尼迪学院的"数字化政府"国家研究中心做过访问学者，主要研究领域是政治传播，且集中于网络政治传播。

《数字民主的迷思》一书为其代表作，2009 年 1 月由普林斯顿大学出版社出版，到 2012 年先后共印刷了 5 次。该书获得 2010 年哈佛大学金史密斯书奖（Goldsmith Book Prize）以及 2009 年唐纳德·麦克甘纳传播研究奖（Donald McGannon Award for communication research）。对于在线竞选、"开源"政治以及网络公共空间等系列主题，他一直著述不断，例如其文章"霍华德·迪恩的真正经验（The Real Lessons of Howard Dean）"被美国政治科学协会视为 2006 年最佳论文，他还在《纽约时报》发表过多篇有关技术问题的特稿。

该书主要讨论互联网对美国政治的影响，聚焦的是"民主化"这一课题。针对公众关于网络民主的美好想象与过分狂热，它通过对在线竞选、链接结构、流量模式、搜索引擎使用、博客与博主、内容生产的规模经济等主题的深入处理，借助大量数据图表与分析，勾勒出互联网政治的种种局限性。尤其表明，网络政治信息仍然为一小群精英与机构所创造和过滤，在网络的每一个层次和领域都仍然遵循着"赢家通吃"模式，体现着"分形（fractal）"特征。

这样的结论对于今天研究网络政治传播的国内学者来说，或多或少有所耳闻，但作为一项严谨的"政治科学"研究，本书的学术意义并非在于提供一个单纯的结论，而在于其基于政治科学视野所详尽揭示的网络政治宏观图景和丰富命题，以及为刻画这一图景所创造性地采用的那些研究方法。

作者在第一章首先提醒我们，要讨论互联网是否促进政治"民主化"，不能满足于"民主"的褒义性修辞，作出"网络是个好东西"的泛泛判断，而是要切实研究在网络条件下，公民的政治表达是否得到放大、表达机会是否更加平等。因此，在明确区分网络发声与"被听见"这两个层次的基础上，应该关注网络环境中影响政治表达平等性的那些具体过程、机制和衡量指标，切近审视因特网的内在基础结构（infrastructure）。

网络改善了资源组织方式，从而改善了政治活动的基础设施。第二章所陈述的霍华德·迪恩在网络筹款和志愿者招募上所取得的成就，正得益于此。但数据分析也表明：其有效动员的主要仍是之前就已立场确定的支持者，且迪恩的竞选主张因契合于自由主义占优势的网络政治环境，加速形成了其早期"势头"，引发媒体报道的滚雪球效应。

第三章和第四章对链接结构与流量模式的分析，从微观与宏观两个层次揭示出网上政治群落的集聚化特征。网站的链接数决定了其所获流量的大小，而基于链接的搜索引擎排名算法强化了那些被密集链接的站点的能见度，用户搜索技能的欠缺又使得大部分搜索针对的是已知资源。从而，链接与访问量的整体分布呈现"幂律"

特征，即极小部分网站占据了极大多数的链接数与访问量；网络总体中的可见站点数量于是非常有限，政治内容更是网络应用中微不足道的一部分，即使是政治内容的流量也集聚于排名靠前的那些核心站点。由于搜索引擎在链接和流量分配中的重要引导作用，作者甚至直接把这种不平等秩序称为"谷歌政体（Googlearchy）"。

第五章讨论了内容生产的经济模式：网络只是降低了发行成本，来自基础设施和人力投入的巨大进入门槛，仍然创造着自然垄断。就市场份额来看，网络媒体至少是和传统媒体的集聚程度不相上下，且即使在网上也是传统新闻机构提供了大多数的公共政治新闻与信息。而在所谓个人的廉价内容生产、自由发布方式即博客写作那里，话语权的等级制度仍然通过各种方式被建立起来，在网络公共空间获得极大权重的仍然是一小群教育、职业和技术精英，这是第六章从博客研究中得出的启示。

我们看到，辛德曼最终是回到经济与社会因素，强调传统上的"数字鸿沟（digital divide）"仍然在互联网领域有效，强调互联网的某些"结点"（大型媒体网站、门户网站以及搜索引擎、精英群体）仍然在扮演着"守门人"角色。在作为总结的第七章中，他担忧互联网并没有实现其民主化承诺，反而是一方面话语权力集聚于少数精英，另一方面碎片化的普通大众微不足道，支撑"多元主义"模式的中端（midrange）媒体缺失了。这使得即使所谓的"丑闻"、"爆料"式传播事件也受制于精英群体本身的问题意识、兴趣取向，网络公共空间事实上还是一种贵族统治。

无论如何梳理，在此也极难简要呈现作者的那些精彩分析与陈述。更精彩的是，所有这些丰富命题都建立在定量研究的基础上。本书是较早挖掘网络大数据的典范，它使得我们对网络内在结构造成的传播不平等，不再仅仅是一个模糊的判断，而是拥有了精确的证据。数据获取来自不同的机构（例如皮尤调查、GSS 调查等）、数据库（Hitwise、Lexis – Nexis 等），也有借助网络机器人程序自行抓取，数据分析还运用了支持向量机（SVM）分类器，对此在附录中有所交待。至于运用许多不同的数学统计方法与理论模型，例如相关性分析、回归分析、函数拟合、基尼系数与诺姆指数等更是举不胜举。

我们期待这个著作的中译本能有助于国内的网络政治传播研究，借鉴书中的方法论去设计量化分析路径，把政治科学研究的目标与思路不断转变成程序和算法模型，来挖掘和分析中文语境下网络政治话语的传播现象。例如，在中国数亿网民中，关心政治话题的网民群体究竟规模有多大？这些话题集中于哪些范畴？地域分布和流量分布情况怎么样？典型网站之间的网民重合度，受众的教育水平与职业背景，微博、微信平台中热点事件的传播与响应模式等如何？只有这样的科学研究，才能帮助我们不断绘制清晰的网络政治传播宏观图景。

译事多有艰难，译文也必然多有不足之处，恳请方家及时指正。在此对几个需要注意的关键词和概念略作说明：

1. 关于"网络"的几个词

"net"或"web"，其朴素的意思就是指"网"，因此一般作为互联网的简单指称，其中"Web page"、"Web site"则专门指网页和网站。"Internet"音译为"因特网"，其直接意思为"网间之网"，是比单一的"net"更宽广的"互联网"，这是比较正式地指称互联网的用词，文中大量出现。"World Wide Web"，译为"万维网"，它通常缩写为"www"，亦即我们常用的域名前缀，从概念上来说其外延比"Internet"还大，指全球性的互联网。"network"的字面意思是"像网一样运作的"、"网化的",在文中有时指社会关系网,例如"政治招募的社会关系网";有时还指硬件(计算机、网线)网络,或者有时就与互联网同义。"online"与"offline"相对,表示在线、离线,线上、线下,或者网上、网下。

因此,这些表示网络的词从根本上说是有意义起源上的区别的,但是由于语言使用的灵活性,它们往往又可以通用,都指称一般意义上的互联网。译者的处理方式是,在明显需要区分具体意义时,将根据语境分别译出相应的确切含义,而在只是一般指称"互联网"时,会根据上下文,为了不至用词重复或引起误解,交替使用"网络"、"互联网"、"因特网"等词来翻译。当然也会尽量照顾到其本来含义,例如其中"Internet"一般就固定译为"因特网"。

2. 公民、网民

"citizen"一词,原意为"公民",在文中很多场合其实可以指"net–citizen",即"网络公民"或"网民",并且译为"网民"也符合国内读者对于上网人群的一般感知、一般表述。但是,由于这是一部政治学著作,这个词的每次出现都是在公共空间、公民与国家、政治参与这些语境下使用的,所以译为"公民"更符合其政治学内涵。在不少地方,行文的确就是在强调其"公民"含义,而原文还多次出现另一个词"online population",后者可以表示中性的"网民"含义。因此,译者就将"citizen"按其本义统译为"公民",尽管这会造成个别地方读起来不符合国内读者的日常用语习惯。

3. 窄播、点播

"narrowcasting"、"pointcasting"是与"大众媒体(mass media)"相对的概念。大众媒体是"广播(broadcasting)"式的,即面向大众的媒体;而一般认为,互联网开启了小众媒体模式,内容生产越来

V

越个体化、信息的受众范围越来越细分和小范围化，甚至出现从生产到接受的"点对点"模式。因此，在读者进入正文之前，译者在此提请注意所谓"窄播"、"点播"的含义，以避免误解。

4. 群 落

"community"通常有"社区"、"群落"、"组"、"共同体"之义。在本书特别是在第三章中，作者较多地使用"community"一词指称关注某一话题的一类网站或网页集合，它们构成着相互关联的网页群组。在中文网络文化中，"社区"一词主要指网络论坛，我们需要避开误解，不译为"社区"；同时，原文中经常以"group"或"subgroup"、"set"来表示"组"、"群组"、"集合"概念，我们也需要与之相区别。特别是，本书的核心要点之一即揭示互联网本身的结构与"生态"特征：关注某类话题的一组站点仅在其内部联系紧密，而与外部链接较少，网络在整体上呈现出稀稀落落、一簇一簇的分布结构。所以，我们仿照"community"这个词在生物中的"群落"意义，将其译为"群落"，"subcommunity"为"子群落"，"political community"则为"政治群落"。

5. 利 基

利基是"niche"的音译，原意为墙壁上供奉神像的"壁龛"，它很小但每一利基洞里自有乾坤、自成一体。在商业上现在多被用来指称大众市场、主流市场缝隙之间的小众市场、专业细分市场。我们将"niche"一词译为"利基"，根据上下文，有时也译为"细分市场"、"专业领域"等，"niche dominance"译为"利基优势"。

文中提及的"长尾理论（long tail）"正是建基于"利基"观念：强势企业已将主要市场瓜分完毕，其他企业只能面向那些广泛散布的小微需求和专门需求，在市场夹缝中寻求出路；但这些细分需求总量加起来甚至可以超越主流市场，在函数图像上例如"正态分布曲线"长长的尾部所覆盖的面积可以超过其头部的面积。一些学者正是基于"长尾理论"，认为非主流的网络舆论加起来可以与主流舆论相抗衡，而本书作者对此作了反驳。

6. 集 聚

"concentration"统译为"集聚"、"集聚化"。这是本书反复使用的一个核心概念，用来描述链接、流量、受众等的分配不平均现象，即大量资源集中于一小部分主体。在自然生态与竞争性市场中，集聚化是必然存在的现象。作者用这一概念来强调，网络资源、话语权力同样是集中于少数精英和机构。为衡量集聚程度，作者运用了不同的统计学模型与指标。

7. 向上渗透

"trickle‐up theory"，译为"向上渗透理论"，它与"trickle‐down theory（涓滴理论）"相对，后者指社会上层的风尚、资源会缓慢向下涓滴和渗透，最终带动底层一起进步，而前者指社会下层也会逐渐影响上层。有学者认为，在网络政治这里，尽管少数精英把持了话语权，但只要普通民众的信息发布广泛存在，通过所谓的"向上渗透"，就总是能够"上达天听"成为公共议题，精英媒体在此可以起到过滤作用，在一些议题上给予关注和放大。本书作者也对此进行了质疑。

* * * * *

原文中以斜体表示强调的，一律以楷体加黑代替。

人名、地名和书名首次出现时，以括号注明其原文。之后分三种情况：若在正文中出现则以中文直接呈现，不再标出原文，但个别情况下为了使上下文避免歧义也会再度标出原文；原书中作为参考文献在括号或脚注中出现的，为方便读者检索，仍保留其英文原文。

不影响正文阅读理解的人物履历和机构简介，若读者感兴趣，可在百度、谷歌和维基百科查询。请恕未能作出详细译注。

图表中的人名和机构名称，较为著名的则直接译为中文，能译成中文且不会引起误解的译为中文并且括号中保留原文，译成中文会引起误解或不方便读者检索的，则一仍其旧。

唐　杰
2015 年 6 月于重庆大学文字斋

致　谢

　　这本书是多年工作的成果，在写作期间给予我帮助的名单很长。《数字民主的迷思》中的最早部分开始于我在普林斯顿大学的博士论文，它由拉里·巴特尔（Larry Bartels）、珍妮弗·霍合希尔德（Jennifer Hochshild）与保罗·迪马乔（Paul DiMaggio）所指导。没有他们在这一论文项目上的尽职尽责，没有他们对我非传统研究路径的欣然应允，这本书就不可能产生。后来加入这一项目并作为第四位读者的马尔库斯·普赖尔（Markus Prior），同样给出了许多洞见和批评。我在普林斯顿的同行们提供了连续的有助益的思想来源，我要特别感谢克莉丝·卡尔波维兹（Chris Karpowitz）、罗伯·罗杰斯（Rob Rodgers）、克莉丝·麦凯（Chris Mackie）、乔纳森·拉德（Jonathan Ladd）、加百利·楞次（Gabriel Lenz）。

　　这一项目的早期工作大大受益于我在哈佛大学的两年访问学者生涯，其间我和艺术与科学研究生院的政府系、约翰·肯尼迪政府学院的"数字化政府"国家研究中心都有密切联系。政府系以及访问学者项目中的许多人都提供了有益的建议，但这里需要特别感谢丹尼尔·霍（Daniel Ho）、弗朗西斯卡·吉诺（Francesca Gino）、詹姆斯·福勒（James Fowler）、今井浩介（Kosuke Imai）、艾莉森·波斯特

（Alison Post）。

　　数字化政府国家研究中心（NCDG），通过国家科学基金会编号0131923的项目，对我在研究生院的最后一年给予了奖学金资助。在管理 NCDG 的过程中，简·方丹（Jane Fountain）和大卫·拉齐尔（David Lazer）营造了丰富多产的学术环境，他们都提供了明智的建议。NCDG 的学者奥德丽·塞里安（Audrey Selian）、拉吉夫·沙阿（Rajiv Shah）、玛丽亚·宾兹－沙尔夫（Maria Binz-Scharf）、伊内丝·莫尔格勒（Ines Mergel）和肯尼斯·尼尔·库基耶（Kenneth Neil Cukier）也帮助我改进了这一研究。而作为我的办公室同伴、编辑和出谋划策人（sounding board）——凯恩（Kenn）对这一项目的贡献至关重要。

　　对于一个政治科学项目而言，不同寻常的是，这本书在几个重要节点上依赖于企业的支持。我要感谢新泽西州的普林斯顿 NEC 研究实验室，它将其团队、软件和硬件供我使用，并且感谢加里·弗雷克（Gary Flake）安排了这一切。NEC 研究员科斯塔斯·西兹尔里克利斯（Kostas Tsioutsiouliklis）和朱迪·A. 约翰逊（Judy A. Johnson）是我在谷歌政体（Googlearchy）研究上的搭档，我很荣幸同他们一起工作，没有他们的专业知识，本书第三章展现的研究将是不可能的。

　　智慧点击竞争情报服务公司（Hitwise Competitive Intelligence）慷慨地提供了其"网络使用数据（Web usage data）"宝藏的入口。衷心感谢希瑟·霍普金斯（Heather Hopkins）、比尔·丹瑟（Bill Tancer）以及"Hitwise"的支持团队。

　　其他人的贡献也值得铭记。拉达·阿达米克（Lada Adamic）当时是惠普（Hewlett-Packard）公司网络研究部的一名成员，提供了数据和有助益的建议。伊坦·亚达（Eytan Adar），惠普网络研究部的另一位成员，开发了"猜想（GUESS）"可视化软件，用于绘制第四章中的网络地图。西格雷克斯软件（Seaglex Software）的尤里·拉波波特（Yuri Rapoport），提供了工具以帮助收集和分析搜索引擎的结果。保罗·琼沃思（Paul Jungwirth）和内森·辛德曼（Nathan Hindman）帮助我寻找和修正程序代码中的漏洞。

第二章的一个较早的版本发表在 2005 年 3 月号的《政治视点》（*Perspectives on Politics*)[1] 上。詹姆斯·麦卡恩（James McCann）、艾伦·阿布拉莫维茨（Alann Abramowitz）、三位匿名评论家，以及《政治视点》的编辑团队都对本书的这一部分有所助益。

感谢我在亚利桑那州立大学的同事们的见地和支持。琴·弗里德金（Kim Fridkin）、帕特·肯尼（Pat kenney）、科林·埃尔曼（Colin Elman）、保罗·戈伦（Paul Goren）、大卫·加斯顿（David Guston）、鲁迪·埃斯皮诺（Rudy Espino）和玛琳·利姆（Merlyna Lim）都给予了重要的指导。几位研究助理也有助于本书。卡罗尔·林恩·鲍尔（Carol Lynn Bower）和里斯托·加利伦（Risto Karinen）在对用户搜索请求进行编码方面提供了帮助，而罗兰·马尔多纳多（Roland Maldonado）则帮助实施了博主普查。安通·海斯（Anthon Hayes），一名优秀的本科生，特别地使这个项目如虎添翼。他的聪颖和在绘制网站流量图谱方面不知疲倦的工作，远远超越了其职责所需。

在上述所有名字之外，多年以来在很多场合我有幸和许多睿智的人物讨论这项工作中的某些部分。对这些人物的任何列举都必定是不完全的，但肯定包括（排名不分先后）艾思特·哈吉坦（Eszter Hargittai）、布鲁斯·宾柏（Bruce Bimber）、海伦·尼森鲍姆（Helen Nissenbaum）、贝尔纳多·胡贝尔曼（Bernardo Huberman）、阿尔伯特－拉斯

---

[1] "The Real Lessons of Howard Dean: Reflections on the First Digital campaign"（霍华德·迪恩的真正经验：对首次数字化竞选的反思），*Perspectives on Politics* 3 (1): 121~28.

罗·贝拉巴什（Albert – László Barabási）、保罗·斯塔尔（Paul Starr）、克莱·舍基（Clay Shirky）、尤查·班科勒（Yochai Benkler）、伊利·诺姆（Eli Noam）、兰斯·贝内特（Lance Bennett）、罗伯特·派伯（Robert Pepper）、丹尼尔·志兹勒（Daniel Drezner）、保罗·汉恩森（Paul Herrnson）、海伦·马吉茨（Helen Margetts）、拉尔夫·施罗德（Ralph Schroeder）、戴安娜·欧文（Diana Owen）、乔·图罗（Joe Turow）、亚瑟·鲁皮亚（Arthur Lupia）、吉塞拉·斯恩（Gisella Sin）、本·埃德尔曼（Ben Edelman）、理查德·戴维斯（Richard Davis）和辛西娅·鲁丁（Cynthia Rudin）。他们当中并非每个人都同意我的那些结论，但他们每一位都分享了自己的洞见，我一直努力将它们纳入这一文本之中。

最后，我想感谢我的朋友和我的家庭。这里展示的研究跨越了我个人和职业生涯的许多过渡时期，对于他们无尽的爱与支持，我的感激之情难以言表。

目　录

图表目录

第一章
因特网与政治"民主化"

> 世界已经进展到具备高可靠性的廉价复合设备的时代；某些事物必定会由此产生。
>
> ——范内瓦·布什（Vannevar Bush）《诚如所思》，1945 年 7 月

1993 年 3 月，伊利诺伊大学的几个大学生将一个小软件贴到了因特网上。这个程序被称作马赛克（Mosaic），它是世界上第一款图形化网页浏览器。在马赛克之前，在日内瓦工作的一位英国工程师于几年前所发明的万维网（World Wide Web），仅仅只是由一些在因特网顶端运行的应用程序所组成的东西。马赛克改变了一切。[1] 与之前文本模式的笨拙程序不同，马赛克让网络彩色化并且引入了人人可掌握的工具。因特网不久就从技术员与学者的港湾变身为历史上成长最快的通讯技术。

马赛克的发布是因特网革命的第一枪，它很快即被商业化为网景浏览器（Netscape browser），而网景公司 1995 年的公开股票发行在因特网股票市场上迎来巨大成功。但几乎就从因特网成为大众媒体的

---

[1] 对互联网早期历史比较好的两个研究，参见 Abbatte 1998 和 Hafner 1998；关于互联网创建时的第一手材料，参见 Berners - Lee 2000。

那一时刻开始，它就不仅仅被看作是一种对商业与贸易实践的改进。很多人大声宣布，它最大的允诺是政治上的。新的网络信息源，将使得公民们对政治更加见多识广；新的网络组织形式将有助于动员之前并不活跃的公民去参与政治；赛博空间（Cyberspace）将会成为政治辩论的喧嚣场所；在政治信息的创造与传播上，因特网的开放性将会让公民们能与新闻记者相竞争。

马赛克改变因特网形态的 15 年之后，很多人坚持认为，因特网的政治允诺至少部分已经实现了。他们声称，因特网正在改变政治，让其从由政治学、新闻学、公共政策学和法学组成的上层等级走下来。霍华德·迪恩的竞选经理人乔·特里皮（Joe Trippi）散布说："因特网是我们所曾见过的最为民主化的发明，甚至远胜于印刷机的发明"（2005，235）。因特网日益增长的重要性，大概是特里皮和布什·切尼（Bush – Cheney）的竞选经理人肯·梅尔曼（Ken Mehlman）取得意见一致的唯一事情。就梅尔曼而言，2004 年竞选的关键经验即在于"科技已经打破了三大［电视］网络的垄断"并且"成千上万的场所，取代了人人获取信息的那种唯一场所"（转引自 Crowe 2005）。

其他杰出的政府官员们则得出结论，认为因特网的影响扩展到了竞选活动之外。前参议院多数党领袖特伦特·洛特（Trent Lott），在一些博主高亮标注了其种族歧视性的言论之后辞职，他认识到了因特网的威力，抱怨说"博主们声称我是他们的第一次开火，我相信这点。我将再也不读博客"（转引自 Chaddock 2005）。美国联邦通讯委员会主席迈克尔·鲍威尔（Michael Powell）以因特网为例，为放松对广播媒体的管控而辩护，他解释道："信息技术……具有民主化的效果……有着价格低廉的计算机加上因特网连接，人人都将有机会'刨根究底（get the skinny）'，'真正'看见幕后的魔术师。"（2002）

新闻记者们同样也断言因特网对传统媒体构成的挑战是真实的，并且它"会让那些感到无法发声的人们得以表达"（参见 Gillmor 2004, xviii）。电台主持和艾美奖获得者——前新闻主播休米·休伊特（Hugh Hewitt，他也是一个博主）写道："由精英来决定什么［是］新闻，这一权力作为一种传播制度［已经被］打破了。发布文本的能力与权威现在真的被民主化了"（2005, 70~71）。前 NBC 新闻与 PBS 总裁劳伦斯·格罗斯曼（Lawrence Grossman）认为因特网给了公民"某种程度上他们此前从未具有的赋权"（1995, 146）。CNN 总裁乔纳森·克莱恩（Jonathan Klein）更早就提出这类主张，众所周知他担心网络赋予了太多权力给"那穿着睡衣坐在自家客厅的家伙"（转引自 Colford 2004）汤姆·布洛考（Tom Brokaw）宣称博主们代表了"一种新闻民主化"（转引自 Guthrie 2004）。布赖恩·威廉姆斯（Brian Williams），作为布洛考新闻主播职位的继任者，抱怨说自己花了"整个一生来获取各种文凭以涵盖我的工作领域，但现在我却要对抗那个叫作维尼的家伙，他住在布朗克斯区经济型小公寓中，并且已两年没离开过这一公寓"（转引自 O'Gorman 2007）。《纽约时报》记者朱迪思·米勒（Judith Miller），将其工作的艰辛部分地归咎于过分卖力的博主们，她声称《纽约时报》的主编比尔·凯勒（Bill Keller）曾告诉她："你身上有放射性元素……你可看看博客上是怎么说的"（转引自 Shafer 2006）。博主们也在豪厄尔·雷恩斯（Howell Raines）的辞职中发挥了作用，后者是《纽约时报》前主编，为杰森·布莱尔（Jayson Blair）丑闻所波及（参见 Kahn 和 Kellner 2004）。

因特网让公共讨论更加触手可及，这种观念也在案例法中获得

3

了表述。在取缔"通讯风化法案"〔2〕的过程中，美国最高法院强调了因特网创造一种极其多元化公共空间的潜能：

> 以计算机接入因特网的任何个人或组织都能"发布"信息……
>
> 通过使用聊天室，任何有着电话线的个人都能成为街头公告员，表达比任何街头演说都回响更远的意见。通过使用网页、邮件分发器、新闻组，同样的个人能够成为政治小册子的作者。正如地方法院所言，"因特网上的内容和人类思想一样多元化。"〔3〕

鉴于最高法院的判决，或许毫不意外的是，在"约翰·多伊一诉卡希尔（2005）"的案例中，特拉华州最高法院将以下情形视为事实："因特网是独一无二的民主化媒体"，它允许"更多的以及多样的人们参与公共讨论"。〔4〕

相信因特网正让美国政治更加民主，这或许是令人鼓舞的。尽管如此，在一些重要的方面，"因特网正在让政治民主化"这样的信念却是错误的。

---

〔2〕 Communications Decency Act，出于对网络色情信息的恐慌，1996 年美国国会试图管控因特网上的色情内容，通过了《通讯风化法案》；但在 1997 年涉及 *Reno v. ACLU* 一案的判决时，美国最高法院以该法案妨碍言论自由而裁定其违宪。——译者注

〔3〕 *Reno v. ACLU*, U. S. 521（1997）.

〔4〕 *John Doe No. 1 v. Cahill et al.*, DE 266, sec. III – A（2005）.

民主化与政治表达

本书讨论因特网对美国政治的影响，它涉及这场辩论中的一些　4
核心问题：因特网正在让政治具备更少的排他性（exclusive）么？它
赋予普通公民以权力而损害了精英么？它正在如我们经常被告知的
那样，"民主化"美国政治么？

那些表明因特网在政治上之重要性的人，似乎已被近来的诸多
事件证明为正确。在线的政治组织，例如左翼团体 MoveOn. org 已经
吸引了数以百万计的成员，筹集了几千万美元，从而成为选举政治
中的关键力量。[5] 尤为重要的是，2004 年和 2008 年选举周期表明，
候选人本身可利用因特网收到绝好效果。本书仔细地考察霍华德·
迪恩如何用网络将成千上万之前并不活跃的公民招募为竞选活动志
愿者。迪恩成功地借助小额的、在线的捐赠筹措资金——连同韦斯
利·克拉克（Wesley Clark）、约翰·克里（John Kerry）甚至乔治·W.
布什（George W. Bush）相继获得的成功——挑战了政治学者们原以为
他们关于政治捐款所知道的一切。巴拉克·奥巴马（Barack Obama）
的初选也突出了同样的经验。网络似乎越来越能调动起由个人组成
的庞大军团，他们既作为公民记者也作为政治评论员而发挥作用。
总体上，排名前十几位的政治博客与《时代》、《新闻周刊》或者
《纽约时报》的读者人数相匹敌。[6]

---

〔5〕　对于 MoveOn 的学术性讨论，参见 Kahn 和 Kellner 2004，Chadwick 2006.

〔6〕　这一结论是比较了来自发行量审计局（Audit Bureau of circulations，网址为 Ac-
cessABC. org）的发行量数字和来自 SiteMeter. com 由 N. Z Bear（2004）编制的博客访问者
数据而得出的。

不过，如果说因特网政治的这些成功越来越明显，那么它们也同样引诱我们得出了一些错误结论。如果我们想要理解互联网时代中政治的命运，那么我们也需要承认关于排他性（exclusivity）的那些新的和不同的类型，它们塑造了网络政治的特点。在众多领域，从政治新闻到撰写博客、议题倡议（issue advocacy），本书将表明网络话语都遵循着"赢家通吃"模式。荒谬的是，因特网的极端"开放性"却加剧了新政治精英的产生。因特网在政治民主化方面的成功是真实的，但就此而言这一媒介的诸多缺陷却较少被承认，它们也终将意义深远。

5　　本书的论证有几个部分，我希望其中一些我所作的主张能引起争议。尽管如此，围绕网络政治的讨论，一部分困难来自于所使用的词汇。因为语言是模糊的，很多推理也就同样模糊。因此，本书的第一项任务就是要定义我们究竟在讨论什么。

界定"民主化"

处于这一语义问题之核心的，是关于民主一词本身的各种相互冲突着的定义和主张。那些讨论因特网对政治生活之影响的人，特别喜爱民主化（democratization）这个词，但公共讨论至少在两个清晰的意义上使用了民主化一词。如果这两个意义相互混淆，那么我在此提供的论证将毫无意义。

民主化这个词的一个意义是规范性的。正如乔治·奥威尔（George Orwell）在"政治和英语语言"一文中写到的，"法西斯主义一词现在别无意义，除了仅仅意味着'某物不可取'之外"（1946）。奥威尔也指出民主一词已被"同样地滥用……几乎普遍的感觉是，当我们称呼一国民主时，我们就是在表扬它：结果，每种政治制度的辩护者就都声称其制度是民主的，并且担心，如果这个词拘泥于任何单一的含义，他们就可能不得不停止使用它"。

对因特网政治的讨论深陷同样的困境。说因特网是一种民主的技术，也就等于暗示因特网是个好东西。这样的困境并不新鲜：之前的通讯技术，从电报到轮转印刷机、广播和电视，都同样被宣告为是民主的（参见例如 Bimber 2003a, Starr 2004, Barnouw 1966, McChesney 1990）。然而，在技术方面的大众狂热，使得对因特网复杂政治效应的某种清醒估量变得更为困难。对技术事务的讨论，很容易就演变成在技术的社会价值问题上的公民投票。

宽泛地主张因特网的好处，当然很难被反驳。因特网现在触及经济、社会和政治生活的无数领域，合计与估算这一技术的每一影响，超出了本书的范围。在此，我们试图避免对这一技术的价值做出这类包罗万象的判断。

因此我们的中心论证聚焦于民主化的第二个定义。这个定义是描述性的。大多数对因特网所激发的民主化的讨论，都十分具体地指向因特网表面上所促成的那些政治变革。就此而言，因特网正在 6 重构政治影响力、拓宽公共空间、提升政治参与，使公民涉足那些之前对他们封闭的政治活动，并且挑战传统精英们的垄断。关于民主化的这第二个定义，首先且主要是假定，技术会放大普通公民的政治表达（political voice）。

本书是一本政治科学著作，而政治表达一直以来是这一学科的核心兴趣。正如西德尼·韦尔巴（Sidney Verba）、凯·莱曼·施洛兹曼（Kay Lehman Schlozman）和亨利·E. 布拉德利（Henry E. Brady）在《表达与平等》（*Voice and Equality*）一书中所宣告的："有意义的民主参与要求公民的表达在政治中是清晰的、响亮的和平等的"（1995,

509）。在这方面，政治学者们一直习惯于对普通的中学公民课上所讨论的那些活动类型感兴趣。我们不仅仅想知道哪些公民投票了，而且想知道哪些公民最有可能写信给他们的参议员，哪类公民志愿服务于政治竞选，以及哪些人送钱给那些政治利益集团。政治学者们一直都知道，政治参与的诸模式传统上有利于强势群体——尽管其不平等程度依不同的参与途径而变化极大。[7]

近些年来有人提出，因特网使得对政治表达的研究必须加以扩展，以便包含网络政治活动与政治话语在内。大多数关于政治表达的研究，还是在只有少数美国人能上网的时代写作的。一定程度上，政治学者们一直想要了解各种传统政治行为的网上类似物。如果给国会议员写一封信这种事值得作为政治表达之一部分来研究，那么发一封电子邮件当然也值得；如果给候选人寄张支票值得研究，那么网上信用卡捐赠当然也值得。[8]

如果说大多数政治学者都是在讨论政治参与语境下的政治表达，那么另外一些人则想弄明白，因特网是否会迫使我们重新考虑那些更加基础的假定。政治科学的许多领域，例如关于公众舆论的研究，都在以下两者之间作出了明确区分，即精心制作、传播散布媒体信息的政治精英（包括新闻记者），与接受这些信息的大众（参见例如 Zaller 1992，Page 与 Shapiro 1992）。但也有人认为因特网恰恰模糊化了这些传统上的严格区别，例如亚瑟·鲁皮亚（Arthur Lupia）和吉塞拉·斯恩（Gisella Sin）写道：

7

---

〔7〕 这方面可参见 Schattschneider 1960；Verba，Schlozman and Brady 1995，Rosenstone and Hansen 1993，Lijphart 1997.

〔8〕 当然，民意代表们自己可能并不会将一封电子邮件与一封手写信件同等看待；要讨论国会议员对选民信件的不同重视程度，参见 Lebert 2003 和 Frantzich 2004。

> 万维网……让个人——甚至孩子们——以最低的费用发
> 布消息和图片，它们能立即被全球的读者看到。值得铭记
> 的是，在最近的 1990 年代早期，这样的行为除了少数世界
> 领导人、公共人物和娱乐公司之外——即使他们也只限于
> 在特定的时刻——对于所有人都是不可能的。但是现在，
> 多数人则把这种能力视为天经地义。(2003，316)

如果公民们能写作他们自己的新闻、创作他们自己的政治评论，并且在全世界读者面前发表观点，就政治表达而言这当然会意义深远。迈克尔·舒德森（Michael Schudson，1999）这样的学者曾论及"监督的公民权（monitorial citizenship）"，他指出在事情明显误入歧途时，哪怕公民们只是花心思关注一下政治，民主就总还能运转得马马虎虎。根据这一说法，只要去有效回应"火灾报警"或"防盗报警"，就是事实上在给予公民们某种强大的政治表达机会（Zaller 2003；Prior 2006；此外参见 Benett 2003a）。由这种视角看来，因特网将会使监督更加有效；它将允许公民们自己去发挥传统上由组织化的新闻媒体所扮演的角色。

政治哲学家们近年来也努力扩充政治表达的概念，趋之若鹜地去研究被称作协商民主（deliberative democracy）的东西。聚集学术兴趣的最初成绩主要归功于尤根·哈贝马斯（Jürgen Habermas，1981，1996）；而由约翰·德雷泽克（John Dryzek，2002）命名为政治思想中的"协商转向（deliberative turn）"的东西，现在则囊括了为数众多的优秀学者（Rawls 1995，Cohen 1989，Nino 1998，Gutmann 与 Thompson 1996，Ackerma 与 Fishkin 2004）。撇开他们的众多差异不论，这些协商民主人士一致同意，民主应该远不只是一个讨价还价与整合偏见的过程。所有人都

指出，真正的政治参与要求公民们致力于和其他公民的直接讨论。因特网的政治影响，于是经常借助协商民主人士所提供的透镜而被观察。人们希望因特网将会扩展公共空间，既扩大所讨论的意见范围，也扩大能参与讨论的公民人数。

8　　至于公民权确切地需要什么、我们关于政治表达的定义因此应该包含什么，学者们并非意见一致。尽管如此，参与公民权、协商公民权和监督公民权的倡议者们，却都聚焦于政治平等——且特别聚焦于使形式上的政治平等在实践中变得有意义。本书关注这样一些领域，在其中这些兴趣之间的交叉重合可能是最大的，并且因特网的政治影响也是最显而易见的。它调查霍华德·迪恩的竞选活动、网上的政治倡议群落（advocacy communities），以及博客的兴起。它考察在将政治内容引导给公民时搜索引擎的作用，并尝试去观测，当人们访问在线的政治性网站时，他们究竟去了哪儿。在这每一种情形下，本书都要寻找证据以表明因特网扩展了普通公民的政治表达。

基于这样的框架，民主化的宽泛问题就被分解为一系列更小的且最终能被回答的问题。其中有些问题仍是像传统思路那样去处理政治表达：有某些类型的政治参与已被因特网改善了么？相当数量的之前并不活跃的公民已被招募为政治积极分子了么？另外一些问题则处理以下这些主张：因特网将会挑战既有的政治利益、鼓励公共辩论或者甚至模糊化关于精英和大众的传统区分。因特网的建筑结构究竟有多么开放？相比于传统媒体的受众，网络受众更加去中心化吗？有多少公民最终在赛博空间上被听见？那些确实最终被听见的人群，更加真实地反映了广大公众么？

本书的主要任务即为这一系列问题提供答案。更加审慎地，我也试图表明，这些小答案如何一起绘制出一幅关于网络政治的宽广图景。然而为了理解这项大目标，几个要点必须首先提出来。其中首要的是得解释，我关于网络政治所展开的评论如何不同于其他学者所给出的因特网景象。

一个不同的批评

因特网学者们通常会比公众人物和新闻记者更加审慎，但他们也聚焦于说网络正在将政治民主化的那些主张。研究者们采取多种多样的视角来关注这一问题——某种程度上正因如此，以至于比起10年以前来，我们现在对因特网有了更加完整的图像。与此同时，关于因特网的各种政治影响，学者们得出了相互冲突的结论。

持怀疑态度的一项由来已久的理由，即所谓的数字鸿沟（digital divide）。即使在互联网使用急剧扩张的1990年代，那些劣势群体——黑人、拉美裔、穷人、老人、受教育程度低者和那些农村地区的人——仍然在网络访问与使用方面落于人后（NTIA 2000，2002；Bimber 2000；Wilhelm 2000）。尽管更多近期的数据显示，某些鸿沟已缩小，但至关重要的差异仍然存在，特别是在年龄、种族和教育方面（Dijk 2005；Warschauer 2004；Mossberger，Tolbert 和 Stansbury 2003）。变本加厉的是，研究显示，在有效使用网络所需要的技能方面，比起仅仅去访问网络，或许有着更深刻的阶层分化（Hargittai 2003；Dijk 2005；DiMaggio 以及其他人 2004；Norris 2001）。最近的调查也表明，网民数量的增长自2001年后便急剧放缓，这挫败着以下这些期望，即认为升腾着的网络大潮将很快终结这类不平等（Bimber 2003b）。

在数字鸿沟之外，学者们也提出了其他的理由以表明因特网对政治的影响可能微乎其微——或者甚至让政治变得更糟糕。一些人提出，传统参与者与政治利益向着网络的转移，意味着赛博政治将会是传统模式的镜像，即如同迈克尔·马戈利斯（Michael Margolis）和大卫·雷斯尼克（David Resnick）所指出的，网络政治仅仅就是"通常的政治"（2000；也参见 Davis 1998）。另外一些人担忧，在因特网相关技术领域——从网络硬件设备到互联网服务的提供商——中的市场集聚度（concentration）可能会损害这一媒体的开放性（参见例如 Noam 2003）。而搜索引擎市场已成为研究的特别兴趣之所在；正如卢卡斯·英乔那（Lucas Introna）和海伦·尼森鲍姆所阐明的，搜索引擎"既给那些有什么要表达和给予的人，也给那些想要去倾听和寻找的人，提供决定性的网络入口"（2000，181）。

还有一些人担心的倒不是太高的集聚度，而是担心因特网将会提供得太少。卡斯·桑斯坦（Cass Sunstein）认为因特网意味着广播媒体（broadcasting）的终结；当受众广泛分散在数以百万计的网站中，体现"大众兴趣（general–interest）"的那些媒体将会消失，政治分极化现象（polarization）会加剧，政治讨论将会粗俗化（2001；也参见 Shapiro 1999；Wilhelm 2000）。罗伯特·普特南（Robert Putnam）同样关注到，因特网会产生"赛博隔离制（cyberapartheid）"以及"赛博割据（cyberbalkanization）"（2000）。约瑟夫·奈（Joseph Nye）甚至提出，"广播媒体的死亡与窄播媒体（narrowcasting）的兴起，可能会分裂群体意识和中央政府赖以建基的合法性"（Karmark 和 Nye 2002，10）。

与此背景相对，我们见到某类爆发式增长的学术研究，记录着看上去极其不同于传统模式的由网络所组织起来的政治行动主义。从既有的利益团体如美国环境保护协会，到崭新的组织如 MoveOn，从萨帕塔主义者（Zapatista）的叛乱到西雅图针对世界贸易组织

（WTO）的抗议，学者们都发现这样的政治行动范例，即它们在前因特网时代都是不可能的。[9] 在这些记述里，巨大而松散的公民联盟能够利用因特网和相关技术以惊人的速度自我组织。一些人认为，这些范例证明因特网是"去媒介化（disintermediating）"的政治行动，从根本上弱化政治精英的作用的同时，为更大的组织灵活性留有余地。

不过，即使大多数学者现在一致认为因特网为新的政治组织方式留有空间，对于这些变革的重要意义也始终意见不一。一些人主张，对政治漠不关心的公民将会避开因特网潜在政治影响中的大部分。基于纵向研究数据，M. 肯特·詹宁斯（M. Kent Jennings）和薇姬·蔡特纳（Vicki Zeitner, 2003）发现，因特网的使用在公民参与（civic engagement）方面效果甚微。皮帕·诺里斯（Pippa Norris）表明，因特网"在改变政治行动的动机基础方面或许有着最小的影响力"（2011，22）。马尔库斯·普赖尔（2007）则发现，差异化的效果取决于人们政治投入的程度：在那些已经对政治感兴趣的公民中，因特网的使用增进了政治见闻，但就之前对政治无动于衷的人们而言则效果相反。布鲁斯·宾柏同样得出结论说，尽管有着一些组织方式上的革新，但"至少到目前为止并未显示出，新技术带来了政治参与方面更高的总体水平"（2003a，5）。

其他人则持不同看法。卡洛琳·托尔伯特和雷蒙娜·迈克尼尔（Caroline Tolbert and Ramona McNeal, 2003）声称，不考虑其他因素，访问因特网和网络政治新闻的那些人，更加有可能表明在 1996 年和 2000

---

〔9〕　关于美国环保协会（之前的环境保护基金会）的重组，参见 Bimber 2000。关于 MoveOn 的产生，参见 Kahn 和 Kellner 2004；Chadwick 2006。关于萨帕塔主义运动的研究包括 Castells 2000；Garrido 和 Halavais 2003；Cleaver 1998；此外参见 May 2002。对西雅图 WTO 抗议的分析，参见 Bennett 2003ba；Rheingold 2003；Smith 2001。

年大选中参与了投票。布赖恩·克鲁格（Brian Krueger, 2002）同样声
称，因特网将实质上动员起许多之前并不活跃的公民。有些学者还
得出结论说，至少就较年轻的公民而言，因特网的使用伴随着明显
增加的社会资本（Shah, Kwak 和 Holbert 2001；Shah, McLeod 和 Yoon 2001；
Johnson 和 Kaye 2003）。

于是，本书所提供的数据与分析就涉及许多不同的研究进路。
但本书特别希望是针对近来的学术研究，因为它撇开长久以来的那
些担忧于不顾，断定因特网正赋予普通公民在公共话语中更大的声
音。这些学者承认数字鸿沟的持续效应、经济强迫力与因特网守门
人的支配作用，承认所有网站并非生而平等这一简单事实。正如尤
查·班科勒所见，"要衡量网络化的公共空间之魅力，我们不应从
1990 年代中期的乌托邦主义视角出发，而需要从这样的视角出发，
即与所有现代民主制中支配着公共领域的那些现行媒体相比较，看
它究竟如何"（2006，260）。理查德·罗杰斯（Richard Rogers）采取了
相似立场，他提出尽管网络有着诸多局限，但它应该被视为"令人
担忧的信息政治（unsettling informational politics）中的最佳候选项"，为
不在晚间新闻上播送的那些不同的政治观点提供了巨大展示空间
（2004，3）。博客写作的增长尤其燃起希望。安德鲁·查德威克（An-
drew Chadwick）说"博客的暴增，已让人们民主地获取借内容生产以
创造政治差异所必需的那些工具与技术"（2006，129）。与此同时，
丹尼尔·志兹勒和亨利·法雷尔（Henry Farrell）注意到，某些博客比
另一些博客远远获得更多的读者，他们说"最终，博客空间的最大
优势在于它易于访问（accessibility）"（2004b，40）。

本书将重返班科勒对其称作"网络化的公共空间"的那些论
述——这部分地是因为其《网络财富》（*The Wealth of Networks*）一书本

身就是一部重要著作，部分地还因为班科勒对于其他人作出的许多相似主张，提供了一种令人钦佩的清晰整合。我将表明，这一类的论述面临着两类不同的困境。

首先，其关于网上政治群落的那些主要的经验性主张，与本书所提供的数据并不吻合。例如，班科勒断言，"相比在大众媒体受众中被听见的少数发言者，中等程度地被阅读（moderately read）的那些站点集群，则为更加数量巨大的发言者提供了平台"；"当这些集群变得足够小，"班科勒说，"那么集群中的站点就不再默默无闻，尽管超级明星们仍然保持高能见度，为对意见的广泛吸纳和局部过滤构造着一种过滤性和传递性的基础"（2006，242，248；也参见 Drezner 和 Farrell 2004a）。正如本书所示，"中等程度地被阅读"的那些网站，作为关于网络话语的各种向上渗透理论（trickle‑up theories）的基础，在每一网络层级上都是难得一见的。

其次，即使因特网或博客空间**的确**如同班科勒及其他人所设想的方式运转，网络政治看起来也是在以丧失其他价值为代价来培植着某些民主的价值。如果我们的基本兴趣是关注传统媒体组织的商业性偏见，或者是寻求某种强大的公民舆论监督军团，那么网络政治可能的确促进了积极的变化。但至关紧要的是要记住，民主政治也有着其他的目标。虽然没有哪个民主政治的理论家会期望公民的表达被完全平等地考虑，但他们所有人都会同意，只要公众中的极大部分在公民辩论（civic debates）中系统性地未被听见，那么多元主义就会失败破产。网络上的排他性机制（mechanisms of exclusion）可能有所不同，但本书表明，它们在此同样有效。

守门、过滤和基础结构

对于上面从班科勒到威廉姆、从休伊特到特里皮的许多研究者来说，因特网最重要的政治影响是其对"旧媒体"守门人的排除。守门（gatekeeping）概念本身归功于社会学家库尔特·勒温（Kurt Lewin, 1947），后者提出，社会"表达渠道（channels）"通常拥有许多关键点，在那里"守门人"滤除了一些事项而允许另外一些事项通过。这一理论最初运用在食品供应方面（在此，食品生产面临着来自从农民一路直到居民家庭的那些守门人的严格考验），而勒温指出它在解释信息流程方面也能够特别有用。

守门的基本概念迅速被应用到媒体研究中。大卫·怀特（David White）关于一位报社编辑——他被冠以"看门人先生"的外号——的著名研究（1950），考察了这样的新闻标准，达到这些标准通讯社的故事才被看作有足够的"新闻价值"出现在本地报纸上（也参见 P. Snider 1967）。后来的媒体守门研究不再强调个别编辑的判断（和偏见），转而聚焦于更宽泛的制度上、经济上和结构性的因素，以解释哪种内容被生产、哪些故事被印刷或播送（Gans 1980；Epstein 1974；Fishman 1980）。

近年来，因特网的研究者们重新唤起了"守门"概念。一些人13 宣称，商业性网站作为过滤器和"交通警察"发挥着重要作用（Hargittai 2000；Cornfield 和 Rainie 2003；Connolly - Ahern，Williams 和 Kaid 2003；Curtin 2000）。其他学者则持相反主张。例如，布鲁斯·威廉姆斯和迈克尔·德利·卡皮尼（Bruce Williams 和 Michael Delli Carpini，2000）宣称，新媒体"瓦解了这样的信念，即认为存在着互不关联的一些门，政治信息经由它们而得以通过：如今不再有这样的门，也就不再有守门人"（61）。

本书提出理由证明，即使在因特网时代，门和守门人仍然是信息版图中的关键部分。网络信息借以被过滤的某些方式是人们所熟悉的，似乎传统媒体组织和广播公司在网络上仍然成绩显著。但导致网络过滤的另外一些因素则是崭新的。搜索引擎和门户网站是某种重要力量，它们的一个关键作用，就是把旁人作出的成千上万单个的守门决定聚合在一起。本书最后主张，因特网并没有消除政治生活的排他性（exclusivity）；取而代之的是，它正将排他性的障碍设置从政治信息的**生产**转移到了政治信息的**过滤**层面。

在此，我想强调构成下文论述基础的两个相关主题，以结束这一导论性的章节。首先，如果我们想理解网络守门（online gatekeeping），那么我们需要从仔细审视因特网的基础结构（infrastructure）开始。其次，考虑网上的政治言论时，我们必须留心表达与被听见之间的差异。

因特网的基础结构

从一开始，关于新媒体将弱化或排除守门人的那些主张，就聚焦于因特网的建筑结构。从比尔·盖茨的畅销书《以思想的速度经商》（*Business at the Speed of Thought*）到更加学术些的例如尼古拉斯·尼葛洛庞帝的《数字化生存》（*Being Digital*）和安德鲁·夏皮罗（Andrew Shapiro）的《控制革命》（*The Control Revolution*），都推测在政治和经济两方面最大的变化将是缘于一大群由于准入门槛降低而受益的新入行者。小型的、边缘利益的和少数群体的政治党团，尤其被视为可能受益于因特网的开放性结构。

当然，因特网的建筑结构确实告诉我们许多关于这一媒体的可能性。然而关于因特网基础结构（infrastructure）的理解，虽然盛行于对这一媒体的大多数讨论中，却还是不充分的。构造起这一网络结构的各种片断部分作为一个整体在起作用——但这一系统的开放程度受制于其最窄的瓶颈之处。

我将较多地提及基础结构，因此值得花时间界定这一术语。在最一般的含义上，基础结构指极复杂系统或组织的那些底层附属（subordinate）部分。[10] 基础结构一词首先是在军事语境中被使用。为了让有效战斗力量走上战场，人们不仅需要步兵和坦克，还需要一系列支持性的建筑物、装置和改善设施，例如基地、补给站、铁路桥、训练营地等。总括起来，这些支持性的设施就作为基础结构被人们熟知。常识也能明白，给养军队并将其编织在一起的这一基础结构，经常比那些战斗单元本身更为重要。军事人员中有句流行的格言，"外行研究战术，内行研究后勤"。

就本书的意图而言，我会在两个清晰的意义上讨论基础结构。首先，我会讨论通讯技术的基础结构。在其最宽泛的含义上，因特网的基础结构可以说是包含了大量内容：计算机、网线及其他硬件；允许网络上不同节点间相互通信的网络协议；管理着个人电脑的软件代码；为这些机器供电的电网体系；甚至让用户能够阅读和写作网络文本的教育培训。

我不打算分析为因特网使用奠定基础的每一项技术和社会活动。毋宁说我的目标在于描述因特网基础结构中的一些关键部分，它们

---

〔10〕《牛津英语辞典》将"基础结构（infrastructure）"定义为："关于一个企业的底层附属部分的集合名词；底层结构，基础。"与之相似，韦氏辞典（Merriam Webster）将基础结构定义为"（比如一个系统或一个组织的）根本的基础或基本框架"。

约束着公民们的选择并且最终过滤着他们所见到的内容。人们仍然经常谈及有数以百万计的线上站点可供公民们选择去访问。一些学者甚至讨论了私人化的信息偏好（information preferences）问题，担忧公民们会有意选择不看某些类别的内容和某些信息源（Sunstein 2001；Shapiro 1999；Negroponte 1995）。

但我提出，最重要的过滤，根本不是什么"有意"；毋宁说是网络信息巨大生态的某种结果。网页的链接结构至关重要地决定着公民们的所见内容。链接是用户从一个站点漫游到另一站点的一种路 15 径；在其他条件平等的情况下，指向一个网站的路径越多，它所接收的流量就越大。通向某站点的链接模式，也在很大程度上决定着其在搜索引擎结果中的排名。

由于因特网的这一基础结构，从而并非所有的选择都是平等的。有些网站一贯升列在雅虎和谷歌搜索结果的顶端；有些网站从来也未被搜索引擎索引过。因特网政治内容的可见度遵循着"赢家通吃"模式，就政治表达而言这有着意义深远的内涵。如果我们不考虑公民与因特网交互作用中的这些基础部分，就很容易忽视关于"谁能在网上被听到"的真正模式。

近些年来劳伦斯·莱斯格（Lawrence Lessig, 1999）等学者已经主张，如果要理解这一技术的社会意义，就必须从更宽广的视野查看因特网的基础结构。莱斯格和其他学者指出，互联网的管制不仅仅通过法律和规范实现，而且也通过那些构造起因特网的基础的设计选项而实现，通过那些通常规定着用户可以做什么与不可以做什么的软件代码而实现。

本书的一个核心论点在于，我们对因特网在技术上的建筑结构的理解，还需要进一步拓宽。在因特网中指示数据包路径的网络协议和用来创建网页的 HTML 代码，都对那些搜索引擎只字不提，但这些搜索工具现在引导着（且强烈限制着）绝大多数用户的网上搜索行为。技术的规范允许超级链接指向网络中的任何地方，但实际的各种社会过程却已经以"赢家通吃"的模式分配了它们。当我们更全面地考察因特网的建筑结构时，我们发现用户与网络的互动行为比许多人所了解的限制要多得多，而他们所发现和访问的网站范围比通常所预想的也要小得多。所有这些都在改变着我们以下方面的结论，即网上究竟有多少空间留给了公民的政治表达？

政治的基础结构

我觉得基础结构的概念在另一方面也是有用的，即借这一概念重新构想因特网影响美国政治的方式。在关于因特网商业效果的报道中，一些在线零售商如亚马逊或易趣（eBay）获得了大部分关注。但这些网上巨无霸后面还有着一些不那么引人注意却更为重要的故事。对于每一个亚马逊或易趣而言，成百上千的交易默默地使用了因特网，利用信息技术优化物流作业，且普遍地使得交易过程更加有效率。[11] 因特网最大的影响一直存在于商业交易的背后——不是前台店面而是供应链条。

我想指出，因特网对政治实践的影响或许能以其对商业实践的影响为参照。看起来，网络的确正在改变那些支撑着大众政治参与和引导着精英决策的过程与技术。这种主张部分是说，改变支撑着政治参与的"基础结构"就能够改变政治参与的"模式"。例如发送倡议电邮或发送文本信息，在那些回复直邮广告的人群之外，可

---

〔11〕 要了解经济学家们对这一现象的研究，参见 Littan 和 Rivlin 2001；Borenstein 和 Saloner 2001；Lucking – Reiley 和 Spulber 2001；Brynjolfsson 和 Hitt 2000。

能激发另一些公民群体作出捐助。

　　关于因特网将如何改变竞选运动，早期的看法是设想会有大批普通公民访问竞选网站、参与在线讨论，以这种直接资讯作为政治决定的基础。而实际情况远远不是这样。大多数访问竞选网站的都已经是党派拥护者（Bimber 和 Davis 2003；Howard 2005；Foot 和 Schneider 2006）。迄今为止最成功的那些竞选网站已经承认，它们现身于网络是去募集资金和志愿者，而不是去撼动摇摆未定的选民。

言说与被听见之间的不同

　　对守门和网络基础结构的这些讨论，突显出在政治表达方面需要作出的一个关键区分。如我们所见，许多人仍然假定，因特网让积极性高的公民第一次具备了被全球受众听见的可能。关于博客的许多争论提供了很多近来的范例，以显示这种假定还在起作用。克莱恩、布洛考和其他许多人认为博客扩展了普通公民在政治中的声音，继而讨论这一变化对美国民主来说是好还是坏。

　　但本书认为这样的结论还为时过早。这里的研究会小心审慎地将谁说话与谁被听见当作两个独立问题来考察。在因特网上，这两 ¹⁷ 个问题之间的联系，比起在几乎任何其他政治生活领域来说，都要弱。

　　就此而言，因特网与政治学者们基于政治行为文献所惯于期待的事情背道而驰。在许多其他的政治参与途径中，学者们注意到，一旦初始的参与障碍被祛除，公民们的政治表达就会被相对平等地重视。公民投票的时候，每张选票在决定选举方面有着同等分量。

公民们为政治竞选或者倡议团体（advocacy group）志愿服务的时候，都面临着同样的限制；简而言之，没有哪个志愿者会有每天超过 24 小时的时间去服务于竞选活动。这一法则的最大例外状况是在政治筹款的时候；在相对较小的为政治竞选和利益团体捐款的公民群体中，财富方面的差距使得一些公民的声音要比另一些公民更加响亮。[12] 尽管如此，这里也有着一些重要（虽然不完善）的限制，约束着在"谁被听见"方面的不平等。根据联邦选举法，在 2003～2004 年度选举周期中，没有公民可以捐献超过总计 2000 美元给任何一位候选人。[13]

本书的一个核心主张是，网上的直接政治发言——我指的是公民在线发表政治观点——并不遵循这些相对平等主义的模式。如果我们根据其所获得的"读者人数（readership）"来考察公民们的政治表达，那么相较于在投票、志愿服务甚至资金筹措中我们习以为常的那些差距，网络政治表达的不平等要高出许多个数量级。本书还会展示出，借助最通行的社会科学统计，网络受众的集聚程度要等于或超过绝大多数传统媒体中的受众集聚度。

这并不是几年前我开始这项研究时所预料到的结论。其他学者也可能会认为这些结论与直觉相悖。确实，网络上可收集的材料数量是巨大的。本书第三章，在对网上政治内容的第一次大规模调查时，我和同事们下载和分析了涉及 6 个不同政治话题的几百万个网

---

〔12〕 如韦尔巴（Verba）、施洛兹曼（Schlozman）和布拉德利（Brady）所见，"当我们研究一系列政治相关特征的参与性扭曲（participatory distortions）程度时，在每种情况中我们都发现，相较于其他形式的政治活动，政治捐助活动中的这种扭曲程度要明显更大"（1995，512）。

〔13〕 个人捐款限额现在由于通货膨胀而在奇数年份有所调整；2007～2008 年度选举周期中，捐款上限为 2300 美元。捐款限额从来都没有完全有效过，恰在某些旧漏洞已被弥补时，新的规避策略——例如将钱捐给独立的"527"政治团体——总是已经出现。

页。即使是这些方法，可能也只捕获了涉及这些问题的所有内容中 18
的一小部分断片。但尽管——或者毋宁说也恰恰由于——线上可获
得内容有着巨大体量，公民们却似乎强力聚集在特定范畴中位列前
端的一些信息源周围。关于"谁能在网上被听见"的那些广义模型，
我想是几乎不可能被弄错的。

对因特网的规范性讨论过于经常地跑在证据的前面。基于错误
经验基础之上的那些演绎论证与其说给人启迪，不如说会更加令人
迷惑。如果说本书并未回答许多关于因特网政治影响的规范性问题，
那么我希望它会帮助人们为正在进行中的争论重构框架。如果问题
仅仅在于因特网对美国政治是否有好处，那么答案当然是"有"。如
果网络已在某种程度上让竞选捐款超越经济等级而平等化，那么大
多数民主理论家们都会欢呼。同样，在很多学者担忧公民政治参与
之衰落的时代，关于网络工具能动员起之前不活跃公民的证据，也
会受到欢迎。[14] 因特网已使得无数政治主题的基本信息，对于任何
有足够技巧和活跃度的公民来说都变得触手可及。众多的博客和其
他网络论坛，或许有助于强化民主问责制所必需的监督功能。

但如果我们考察直接的政治表达——普通公民让自己的观点为
其他公民和政治精英们所重视的能力——那么情况就与那仍然塑造
着公众舆论和学界争论的神话（myths）毫无相似之处了。虽然公民
们在网上发布其观点时确实面临着一些正式的困难，但这显然是最
微不足道的因素。从大众政治的视角来看，我们最关心的不是谁发
布了而是谁被阅读了——在此有着大量正式或非正式的障碍限制着
普通公民走向受众的能力。大多数在线内容获得不了链接、吸引不

---

〔14〕　关于衰落的公民参与的许多研究，参见 Macedo 等人（2005）出色而深刻的概
述。

了眼球，并且具有极小限度的政治关联性。一次又一次地，这项研究发现，强大的等级制度统治着这种恰因其开放性而倍受赞美的媒体。这种等级制是结构性的，已与构造起网络的那些超级链接融为一体；它也是经济性的，处于谷歌、雅虎和微软这类公司的支配之下；它还是社会性的，处于一小群白人、高学历者、男性职业人士的支配之下，后者在网络舆论中有着极其过度的代表权。谷歌和雅虎今天声称索引着数百亿的在线文档；等级制是一种自然的或许也是不可避免的组织巨量在线内容的方法。但这些等级制对于民主价值而言并非中立无害。

理解网络生活的等级制得以影响政治的这些微妙而又不那么微妙的方式，将会是 21 世纪的一项重要任务。因特网试图拉平某些已经存在的政治不平等，但它也创造了新的不平等。

第二章

霍华德·迪恩的经验

> 我们不仅要去新罕布什尔，我们还要去南卡罗来纳、俄克拉荷马、亚利桑那、北达科他和新墨西哥，我们要去加利福尼亚、德克萨斯和纽约。而且我们还要去南达科他、俄勒冈、华盛顿和密歇根。然后我们还要去华盛顿特区，去收回白宫！耶！
>
> ——霍华德·迪恩，2004 年 1 月 19 日

如果我们要理解因特网正在如何改变公民的政治表达，从霍华 20 德·迪恩开始是最好不过的选择，他的名字依然和网络政治是同义词。这是一个常识都能理解的案例。因特网影响迪恩的竞选，证据比许多人所设想的还要强。迪恩候选人地位的兴起与衰落，向我们展示出许多事情：因特网能够为候选人做什么——以及不能够做什么。

在 2004 年总统初选中，迪恩的昙花一现在某种程度上似乎也是可预见的。而源远流长的政治学智慧也为其最终的失败提出了几种解释：可当选性（electability），这一核心问题看起来对他的竞选非常不利；初选中的选民比党派激进分子要更加温和理性；以及要重新恢复势头时众所周知的困难。那些琐碎的因素——比如大量的言语

失礼和一次声名狼藉的尖叫——当然也"功不可没"。

不过，迪恩的竞选也暴露了政治学知识上一个令人好奇的缺陷。如果说迪恩的失败现在看起来稀松平常，那么学者们该如何解释他短暂而卓越的成功呢？虽然迪恩相对而言是默默无闻地加入了这场赛跑，但他却打破了之前的筹款纪录、赢得了大量关键性的支持（endorsements），从艾尔·戈尔（Al Gore）到美国劳工联合会－产业工会联合会（AFL–CIO），并且在爱荷华党团会议（Iowa caucus）之前数月的民意调查中拥有大多数民意支持。

21　　如果要理解迪恩早期出乎意料地崛起为民主党的领跑者，那么就要从考察2004年初选与往年初选之间的明显差异开始：因特网的角色。迪恩用网络为他的竞选去组织、造势和筹款，这虽然已被称颂很多，但仍然被了解得太少。

这一章试图调和迪恩的经验与那些关于初选的标准政治学观点。我们有两个课题：第一，以前对总统初选的研究强调了势头（momentum）的重要性，在此则需要根据网络政治的人群统计特征（demographics）来重新考察这种研究。尽管自由派和保守派在网上大致数量相等，调查数据却显示自由派比中立派或保守派更多地访问政治性网站。这或许对迪恩是有所帮助的，因为它让本质上作为某种早期初选的这一在线竞选活动，处于一种非常自由主义的选区之中。

第二，在候选人如何利用互联网这件事上，迪恩的竞选活动标志着一种正在进行中的转变。正如早先指出的，在商业世界中因特网的真正成功并不在于前台零售而在于后台支持：成千上万的交易默默地利用因特网把后勤设施流水化。迪恩的例子则表明，网络或许在以同样的方式改变着政治的基础结构。迪恩运用网络来改善竞选活动的那些后台支持功能，例如资金筹措和志愿者招募——这些关键性的工作过去**并没有**引起选民们的广泛热情。无论大大小小哪一方面，迪恩的案例都不符合政治学者们自以为关于基本动力、政治招募、政治捐款模式、精英策略以及甚至所谓数字鸿沟所了解的东西。

自由派媒体？

就迪恩的竞选活动而言，大众媒体一直强调他在战术手段上的创新。迪恩做了某些聪明的、勇敢的和史无前例的事——只有当一个候选人没什么可失去时才会做的事：他创建了一个真正交互式的竞选网站。之前的网上竞选活动——包括约翰·麦凯恩（John McCain）和杰西·文图拉（Jesse Ventura），作为迪恩诸种成就方面最受称赞的先驱，都严格控制他们的网络曝光率。[1] 鼓励支持者们生产他们自己的内容、参与在线讨论、创建他们自己关于迪恩的网站甚至策划他们自己的事件，必然意味着这一竞选活动放弃了对其所引发的信息的某些管控。要衡量迪恩对于数字政治的未来意味着什么，我必须首先承认，很多竞选活动将不会追随这一榜样。优势候选人没什么兴趣去冒险碰碰这类运气。

此外，迪恩的数字创新并不足以解释他的成功。要理解在2004年初选过程中发生了什么，我们必须更仔细地考察那些出于政治意图而使用网络的人群。网络政治，看起来似乎拥有一种令人费解的

---

〔1〕 网站上的互动交流会降低候选人的正面形象，对引起这一效果的诸种方式的讨论参见 Stromer – Galley 2000；Sundar, Kalyanaraman 和 Brown 2003。更一般的关于杰西·文图拉竞选活动的讨论，参见 Lentz 2001。

自由主义特征。

前文已指出，从一开始就很清楚，网络访问与网络使用（Web access and usage）的模式，密切追随着业已存在的社会断裂。富有的受过教育的人比那些缺钱和缺少教育的人更多地使用因特网；女性落后于男性；拉美裔和非洲裔美国人落后于白人和亚裔美国人。尽管在网络使用方面的大多数差距近些年已缩小——特别是基于性别的差距——但大的不平等依然存在。[2] 实际上，当学者们不再仅仅考察单纯的网络访问，而是聚焦于至关重要的用户技能时，会发现这些不平等显得和过去一样糟糕。[3]

对政治学者而言，网络用户的人群统计特征看起来和一种熟悉而令人不安的模式相一致。例如在《表达与平等》一书中，韦尔巴、施洛兹曼和布拉德利断言，政治资源方面的差异将会导致被感知到的民众偏好出现系统的扭曲（systematic distortion），并且这种扭曲有利于传统上的特权群体和那些持保守主义观点的群体。如果因特网自身就是一个重要的政治资源——政治组织、筹款、信息收集的强大工具——那么将这一新媒体过分地置于优势群体的掌控之下，可能会使得美国政治中的保守主义倾向固定化甚至恶化。

但调查数据似乎讲述了一个不同的故事。为了举例阐明这一点，我转向了2000年和2002年的美国综合社会调查（GSS），这是把网络使用指标与用户的政治社会观点指标相结合的第一次大规模调查。该调查请受访者根据从"非常自由的"到"非常保守的"的一个7级分制来评定自己；没有显示出网络用户与非网络用户在政治倾向

23

---

〔2〕 关于数字鸿沟的当前水平，参见 Dijk 2005；Warschauer 2004；NTIA 2002；Lenhart 等人，2003。

〔3〕 对此可参见 Hargittai 2003；Mossberger，Tolbert 和 Stansbury 2003。

上那种自由—保守的区别。当然，尽管网络用户的政治思想形态映射着一般民众的政治思想形态，但两个群体有着明显差异化的网络使用模式。

表2.1 不同思想形态的用户对政治性网站的访问

	无	1~2次	3~4次	>5次	总计
自由	62%	20%	7%	11%	291
中立	74%	17%	6%	4%	344
保守	69%	19%	7%	5%	327
总计	659	179	63	61	962

这一表格显示了2000年和2002年GSS关于政治网站访问次数的数据，根据自我定位的政治态度而划分。它表明自由派通常明显地比中立派和保守派更可能访问政治网站。最引人注目的发现在于那些声称过去30天访问政治网站超过5次的人：声称在这一时段访问政治网站的人中，自由派是保守派的两倍多。

自由派在网络政治的受众中占优势。就政治性相关活动的广泛领域来看，从在线收集信息到访问政府网站，自由派都超过保守派一大截。如表2.1和表2.2所示，在对政治网站的访问次数方面结果尤其明显，在最高网络使用次数这一项中，自由派是保守派的两倍多。

初选是一种党内的现象，而对用户普遍有效的东西同样也对民主党拥护者有效。在自我认同为民主党人的人群中，政治网站的频繁访客要比作为整体的这一政党明显更加自由主义；他们比一般公众有更高的受教育程度；并且如果说作为整体的选民偏向于更年长，那么访问政治性网站的选民则偏向于年轻化。

在迪恩的案例中，这种偏态的（skewed）政治性人群统计特征之重要性是明显的。在竞选早期，迪恩将自己定位为大多数竞争者中的左翼。迪恩宣布他代表"民主党中的民主翼"（转引自 Nagourney 2003），并且强烈反对伊拉克战争，而其他竞争者所采取的态度则差别非常细微。如果政治性网络使用的模式颠倒过来——如果保守派比自由派更多地访问政治网站——那么迪恩就会筹集到更少的资金、招募到更少的志愿者、吸引到更少的关于其网络成就的正面媒体报道。

24

表2.2 对政治性网站的访问频度

	模型 A 系数 标准误（Std. Err）	模型 B 系数 标准误（Std. Err）
非常自由	.72*** (.21)	.70*** (.21)
自由	.33*** (.12)	.30*** (.16)
轻微自由	.32*** (.13)	.28* (.16)
轻微保守	.10 (.12)	−.03 (.16)
保守	.17 (.12)	.11 (.12)
非常保守	.23 (.24)	.32 (.25)
受教育年限	（ ）	.04*** (.02)

	模型 A	模型 B
	系数	系数
	标准误（Std. Err）	标准误（Std. Err）
收入	（ ）	$-.00$ （.02）
年龄	（ ）	.00 （.00）
女性	（ ）	$-.17^{***}$ （.08）
黑人	（ ）	$-.08$ （.15）

　　这张表显示政治性网站访问频度的有序概率模型。序数因变量（the ordinal dependent variable）由对以下问题的回答构造起来：在过去30天里，您为了政治信息而访问政治性网站的频度如何？共有四个类别：①从来也不；②1~2次；③3~5次；④超过5次（ * 表示 P < .10， * * 表示 P < .05， * * * 表示 P < .01。自我界定为中立派的作为基础类别）。

　　这些发现迫使我们考虑，迪恩的经验是否可能体现了网络激进主义的一种更充分的长期趋势，这种网络激进主义将使得民主党人和那些有着自由派观点的人受益。遗憾的是，我们没法利用后来的GSS周期调查数据来追踪政治网站访客们思想形态的演进。2004年的GSS受访者，被问及他们的政治性网络使用，但没被问及他们的自由—保守差异；2006年的GSS主题根本就没有涉及受访者的政治性网络使用。

　　不过，2004年的GSS确实问了受访者在多大程度上认为自己属于民主党与共和党。这对于评估总统初选一类的党内竞争不太有用，但党派认同（party identification）确实比自由—保守的自我评定，能更好地预测投票行为（Miller 和 Shanks 1996）。这两类指标是相关的，却并不能相互替换，在 2002 年 GSS 中它们的相关系数为 0.38；更多的公民愿意将自己归属于某个政党，而不愿意描述自己除了思想中立之外的其他某种政治态度。尽管几十年来关于党派认同的含义与标准的争论一直持续，但许多证据表明，公民的党派认同比他们自由—保守的自我定位要更稳定——或者至少说是更准确地被检测到了（Green，Palmquist 和 Schickler 2002；Franklin 1992）。

2004 年的 GSS 在 2 月、3 月和 4 月间举行——当爱荷华与新罕布什尔的结果公布之后，也在关于网络竞选活动成百上千的纸媒与广播报道之后。因此，它可能更多地告诉我们迪恩现象的**效果**而非其**原因**。将上面的分析方法复制到 2004 年的样本中，用党派认同替代自由—保守的自我定位，仍然显示出网络使用方面的一种向左倾斜。如我们所料，坚定的民主党人明显更可能去访问政治性网站；坚定的共和党人也如此，尽管幅度更小。这一分析也表明，那些坚定认同共和党的人，在政治性的网络使用方面比那些思想上的保守主义者要展现出更大和更持续的优势。

最大的使用差距来自不坚定的党徒和倾向于独立立场的人士。与"真正的"独立人士——当他们被问及时，并不承认倾向于这一党或那一党——相比，民主党倾向的独立人士和不坚定的民主党人，显示了明显更高的政治性网络使用水平。与之对照，共和党倾向的独立人士和不坚定的共和党人与真正的独立人士并无显著差别。将关于党派分类的那些虚拟变量（dummy variables），替换为一个 7 级分制的政党认同，如同模型 B 的情形，同样显示出民主党在网络的政治性使用方面的优势。后面的章节确认在这一调查数据中所见的这些发现，并且表明自由派网站比保守派网站明显吸引更多的流量。

我们应该预期，这种自由—保守之间的差距是网络政治版图的一个临时性还是持续性特征呢？有某些理由可以期待保守派与共和党会追赶上来。因特网还是一个年轻的媒体，在线组织动员的有效方法可以说还处于实验阶段。当用户精明度（user sophistication）持续提高，当共和党候选人投入资源以利用网络，当保守派党人自己发现在线参与是政治行动的关键一环，那么网络政治就可能会不那么具有自由派特性了。

不过，网络使用方面的思想形态差异和党派差异可能不会那么快消退。2004 年不同于 1994 年；迪恩开始竞争总统职位之前，大多数美国公众已经上网多年。在更一般的网络访问和在上网时间方面，也并不存在自由—保守或者民主党—共和党的差异。此外，很多其他的政治外展（outreach）媒介一直都具有持续的党派特征。例如，直邮拉票（mail solicitation）一直都是一个对共和党人比对民主党人更有效的工具。

"大势头" 遇到因特网

网络上自由派的代表权过高，这与初选过程动力学中的一个重要问题相吻合。势头（momentum）概念在对总统初选的研究中发挥着核心作用。早期成功（或失败）的雪球效应是巨大的：赢得早期预选的候选人将会获得更多有利的媒体报道、更多选举活动中的民众兴趣、更多志愿者以及更多的资金。这些竞赛环节的次序因而至关重要。举例来说，如拉里·巴特尔所指出的，正是"纯粹的、不折不扣的运气"使得那些最支持加里·哈特（Gary Hart）的州——都是些没有大城市人口的白人州——首次出现在 1984 年的选举日程上（1988，260）。爱荷华与新罕布什尔的结果，极大地加剧着哈特挑战沃尔特·蒙代尔（Walter Mondale）[4] 的严峻程度。[5]

迪恩的候选人地位非常得益于一种数字版的哈特效应。2003 年 6 月，最主要的自由派积极分子团体 MoveOn. org 发起它称为"网络初选"的在线活动。其间迪恩获胜，赢得了 44% 的多数支持。这一获胜当然只是象征意义；在很大程度上，整个网络竞选活动逐渐成为一种虚拟的初选。迪恩在网络上的显著成功，引发了新闻报道、民众热情和不断累加的成功，而这些通常只有赢得了实际选战的候选人才可能享有。

27 迪恩的网络竞选活动产生了日益增长的正面媒体报道。Lexis - Nexis[6] 搜索可找到 1325 篇主要媒体的报道，它们提到了迪恩在新罕布什尔初选之前 6 个月中的网络成就——对于作为黑马而出场的候选人来说，这是无法估价的宣传效益。迪恩网上组织动员的规模，以及他在筹措大量小额捐款方面的空前成功，都显得极具新闻价值。迪恩的竞选活动还产生了其他有形的成功指标：长长的支持者博客

---

〔4〕 特别参见 Bartels 1988 的第 10 章。

〔5〕 1983 年，参议员加里·哈特在争取 1984 年民主党总统候选人提名的过程中，作为不太知名的参议员，他的经费和人手都没什么优势，为此他策略性地把主要资源集中在爱荷华与新罕布什尔这两个率先举行党内初选的州——这两个州的选举状况往往被称作美国总统竞选的"晴雨表"。在最早揭晓结果的爱荷华党团会议上，哈特的支持率名列第二，媒体马上便以为他就是呼声最高的沃尔特·蒙代尔的主要竞争者。正是这一开端的势头，一举赢得了全国媒体的关注，为其参加竞选不断吸引资源，资金和支持滚滚而来。到新罕布什尔州投票揭晓时，他竟然打败了蒙代尔，成为轰动一时的"黑马"。虽然在其他州竞选失利，最终未能获得民主党总统候选人的提名，但哈特的竞选经验成为"竞选造势"的典型案例。——译者注

〔6〕 LexisNexis 是世界著名的数据库，全球许多著名法学院、法律事务所、高科技公司的法务部门都在使用该数据库。——译者注

清单、迪恩竞选主页的点击数、各种室内聚会的数量，以及愿意在迪恩网站上登记为支持者的公民人数。总而言之，迪恩在线组织动员的力量被视为他拥有广泛草根支持的证明。

迪恩并非唯一的受益者。卫斯理·克拉克上将（General Wesley Clark）迟到的入场撼动了这一初选竞赛，证明了同样的一种效果。尽管克拉克的网络成绩不如迪恩，但他们都超过了场上的其他竞争者。克拉克筹集到 1700 万美元，其中大部分来自网络——虽然比迪恩的 5200 万美元要少得多，但却是在更短的时间周期中筹集到的（参见 CRP 2004）。并且，尽管没有迪恩所依赖的那种广泛的博主关系网，但克拉克却很好地运用了他的竞选网站和其他线上工具。和在迪恩那里的情况一样，媒体将这些线上的胜利视为支持克拉克的势头，作为其获得草根支持和拥有充沛财力的证据来援引。因此在某种重要意义上，2004 年因特网竞选活动就变成了最早期的初选。与此同时，那些访问政治网站的公民就构成了某种独一无二的选区（constituency）。

迪恩的例子表明，将网络关注（online interest）转换为有形的政治资源——资金、正面媒体报道和志愿者——是可能的。它也显示，网络能够赋予某种程度上无形的资产：早期势头。

因特网以及政治活动的基础结构

总体而言，迪恩的竞选活动表明，网络世界的政治行为遵循着某些始料未及的断层线（fault lines）。[7] 还需要指出迪恩竞选中的第二个经验：因特网可能改变这个国家的政治基础结构中的一些关键部分。迪恩的例子提示出，网络在商业世界的演化——在那里 B2B 模式比 B2C 模式拥有更强烈的冲击效应——正在政治领域中被复制。

最初，候选人设定他们的网站，为的是去联系摇摆选民、独立人士和犹豫不定、难以捉摸的中间选民。但这样的策略结果凄凉。调查数据显示，大多数政治网站的访问者并不是摇摆选民，而是有着坚定的政党归属和坚定的政治先入之见的那些人（Bimber 和 Davis 2003；Foot 与 Schneider 2006）。大多数竞选网站的流量不过是涓涓细流，并且（至少直到迪恩奇迹为止）竞选经理人（compaign managers）通常将因特网看作只是"真实"竞选活动之外的助兴边角秀（side-show）。在关于数字竞选最出色研究之一的一篇文献中，布鲁斯·宾柏和理查德·戴维斯因而得出结论网络对大众政治的影响将不会太大（modest）。

宾柏和戴维斯是正确的，网络竞选活动很大程度上是"对已信教者的布道（preaching to the converted）"。但是，迪恩和其他候选人却越来越将这一事实转变为他们的优势。他们不再上网吁求中间选民，取而代之的是一种新型竞选网站，它试图吸引和动员最可能成为核心支持者的那些人。如果说网站并不是联系大众的一种方式，那么迪恩竞选活动及其他案例就已表明，网站可以成为激励信徒和筹措资金的强大工具。简而言之，迪恩奇迹证明，因特网可以影响那或可被称为政治活动供应链（supply chain of politics）的东西。

---

〔7〕 地质学术语：当地壳岩石承受的压力超过其本身的强度之后，就会发生断裂，出现断层；断层面与地面的交线称断层线，反映断层的延伸方向和延伸规模，可以是直线，也可以是曲线。地质学家发现，地震往往是沿着断层线发生的。在此，作者借用这一术语以表明网络政治行为中某种深层次的规律。——译者注

后勤支持设施是候选人战略中的关键因素，是许多种政治活动的核心所在。盛行的政治理论与迪恩经验之间的差距，在资金筹措和志愿者招募方面尤为意义深远。关注这两个领域时，我会问：如果没有因特网，迪恩的竞选活动会发生什么？

网络筹款

在迪恩的例子之前，关于因特网在竞选筹款中的重要性通常都是轻描淡写的（参见例如 Ward, Nixon 和 Gibson 2003, 20；Cornfield 和 Rainie 2003）。比尔·克林顿 1996 年竞选只在线筹集了 10 000 美元（Davis 1998, 109）。尽管一些早期的调查数据显示，竞选捐款是被因特网所影响的为数不多的政治活动之一（Bimber 2001），但在线筹集到的资金总额仍然不太高。在 2000 年初选季，戈尔和布什分别声称只筹集了 270 万和 160 万美元；麦凯恩声称在其新罕布什尔初选胜利后的 3 天内筹集了 140 万（Binmber 和 Davis 2003, 39）。但即使这些数额也很可能是某种夸大之词，因为 2000 年总统竞选只是其网站为在筹款活动和电话捐款中得到的捐赠加以常规漂白（routinely laundered），以便抬高他们的网络筹款总额并引发媒体去报道其表面上的网络成就（Bimber 2003a, 183 ~ 84）。

与这一背景相反，迪恩的网络筹款既令人不可思议又极其意味深长。对于总统初选中的候选人而言，筹款能力是他能被人们当回事儿的先决条件，而两党中之前还没有哪个候选人能成功地将那些两位数的小额捐助转换为有效资金。到 2004 年 1 月末初选开始时，迪恩已经筹集了 4100 多万美元，其中近一半来自网络；318 884 位公民向迪恩的竞选活动作了捐助。[8] 总体而言，迪恩财政资源的

29

---

[8]　所有的筹款数据来自响应政治研究中心（Center for Responsive Politics, 2004）。

61% 来自那些 200 美元及以下的捐款者。只有 2851 位捐款者——少于总人数的 1%——捐了 2000 美元，即联邦法规规定的最高限额。这些大额捐款者提供了迪恩总资金的 11%。

迪恩竞选捐款的分布状况几乎刚好与他的对手们相反。为了突显迪恩的成就，要注意到布什的连任竞选活动远远超过了迪恩的筹款努力，它仅在 2003 年度就带来总额 13 080 万美元的捐款。到 2004 年 1 月末时，42 649 位布什的金主捐出了联邦最大限额 2000 美元。这些大额捐赠占到了布什获赠总额的 68%，而 200 美元以下的捐款对布什经费的贡献低于 16%。尽管民主党的候选人比如克里和爱德华兹（Edwards）的筹款远比布什要少，但他们的竞选同样是依赖于大额捐助者才通过了早期初选。1 月末时，那些捐出 2000 美元限额的人承担了克里选战资金的 58%、爱德华兹资金来源的 73%。

迪恩竞选在以下几方面偏离于学术界的预期。其一，由于小额捐赠者的涌入，不富裕阶层贡献了迪恩经费的较大部分，比过去几十年任何主要的总统候选人经费的这一部分都要大。其二，小额捐款向候选人传达着不精确的信息。韦尔巴、施洛兹曼和布拉德利（1995）宣称，捐赠的力量在于它们既"响亮又清晰"——金钱是选举成功的关键，它们很大程度上显示着捐款人的政策偏好。但是为迪恩竞选捐款公民的庞大数量，意味着所要传达的信息是相当柔和与不清晰的。一张亲手交付的 2000 美元支票，比通过竞选网站提交的 40 份单独的 50 美元信用卡捐款要传达更多的信息。其三，迪恩竞选的绝大部分网络捐赠都是自发的。向政治竞选捐助金钱，传统上是最不可能自发产生（self - generated）的政治参与类型，毋宁说是个人的社会联系发挥着重要作用。大部分竞选捐款都是被征召的，捐款者已经认识的那些人通常就是恳求捐款的人（Verb, Schlozman 和

Brady 1995，第五章）。与此相对，迪恩资金的大部分却来自那些自行找到这一竞选活动的人。迪恩的成功于是迫使政治学者们重新审视自以为了解的关于金钱与政治关系的很多知识：捐款者的人群统计特征和政治观点、捐款是如何被征召的、金钱传达政策偏好时的清晰性，以及在美国政治中由政治筹款所导致的右倾化扭曲（rightward preference distortion）的程度。

政治招募的社会关系网和因特网

政治学者们经常发现，那些参与政治的人往往是被邀请的参与者。关于政治参与的文献通常强调社会关系网与社会压力在招募中的作用。但如果说社会关系网在政治过程中通常起着守门人的作用，那么迪恩创纪录的支持者人数似乎突破了这一樊篱。

迪恩对"见面会（meetups）"——由网络组织起来的对该竞选感兴趣的公民的面对面聚会——的专注尤其重要。见面会表现为一种巧妙而简洁的组织策略。无论是在迪恩的官方网站还是见面会（Meetup. com）主页，公民们都可以提交他们的 E-mail 地址和邮政编码，并立即收到电子邮件提示信，提示他们附近地区的支持迪恩（pro-Dean）聚会。报名本地的迪恩见面会，这一过程只需要 30 秒时间。

到迪恩在民主党党内竞争落败为止，有 640 937 人通过竞选网站登记为迪恩支持者；其中 188 941 人同意接收关于其所在区域见面会的信息公告。[9] 根据 Meetup. com 的参加人数数据，这些支持者中超过 40%——大约 75 000 人——实际参与了一次聚会。迪恩见面会在 31

---

〔9〕　关于支持者总数的数据来自迪恩网站（http：//www. deanforamerica. com）。关于报名见面会的迪恩支持者数据来自 Meetup. com。

612 个城市被组织起来。正如某州的一位迪恩组织创始人所言："我们已经将见面会视为我们的初选招募工具。"[10] 由克里斯汀·威廉姆斯（Christine Williams）、布鲁斯·温伯格（Bruce Weinberg）和杰西·戈登（Jesse Gordon）从马萨诸塞州迪恩见面会参与者那里所收集的调查数据显示，这些聚会确实是一种有效的工具。[11] 超过 96% 的被调查者表示，在参加了一次迪恩见面会之后，他们希望成为活跃的志愿者。无论是参与早期候选人活动的庞大人群，还是这些志愿者广泛的地理分布，在这两方面迪恩都大大超越了人们对某个看起来次要的候选人的预期。

某些流行的见解指出，迪恩的竞选活动正在将大量之前并不活跃的公民转变为活跃分子。特里皮（2005，xii）自己评论了那些迪恩竞选志愿者的不成熟。在威廉姆斯、温伯格和戈登 10 月份和 1 月份的调查中（2004），他们发现分别只有 39% 和 47% 的被调查者在之前的选举周期中做过志愿服务。其他对迪恩志愿者的学术性调查，发现同样低水平的经验值（Klotz 2004；Kohut 2005）。

相反，大多数初选竞选活动的志愿者都是长期性的参与者；之前的研究表明，对几乎每一个候选人来说，他们初选义工中的三分之二到五分之四，都是资深老手（参见例如 Johnson 和 Gibson 1974）。1988 年提名战（nominating contest）的数据强化了这一结论，其中除却一人之外，对于每一位候选人而言，他们的志愿者中超过三分之二都是之前活跃的竞选义工或者党务人员（Abramowitz 等人 2001）。杰西·杰克逊（Jesse Jackson）反常的候选人地位（insurgent candidacy）在

---

〔10〕 Jesse Gordon，迪恩弥撒（Mass for Dean）的联合创始人，个人通信，2004 年 2 月 19 日。

〔11〕 Williams，Weinberg 和 Gordon 2004；调查数据可由以下地址在线获取，http：//meemeetupsurvey.com/study/reportsdata.html.

许多方面都类似于迪恩的情形，但杰克逊的志愿者中，72% 是资深老手。〔帕特·罗伯森（Pat Robertson）宗教鼓动式的竞选活动是唯一的例外，他的志愿者中只有 35% 具有经验。〕

罗斯·佩罗（Ross Perot）1992 年竞选提供了另一个与迪恩相比较的有趣之点。佩罗使用了一个 1－800 电话号码[12]来征召志愿者，并且由于其招募了之前并不活跃的公民而受到普遍称赞。但是，由罗纳德·拉波波特（Ronald Rapoport）和沃尔特·斯通（Walter Stone, 1999）收集的数据显示，佩罗的志愿者中，67% 以上的人有过之前的竞选活动经验；更有甚者，大约三分之一在 4 年之前为乔治·W. 布什（George H. W. Bush）或迈克尔·杜卡基斯（Michael Dukakis）工作过。

尽管如此，从威廉姆斯、温伯格和戈登的数据中产生的最令人惊讶的发现，并不在于迪恩的志愿者相对缺乏经验，而在于只有 23%（10 月份）和 31%（1 月份）的被调查者是从他们认识的某人那里获悉见面会的。几乎所有的其他人都是通过全国性的迪恩网站、地方性的支持迪恩网站或者 Meetup. com 主页，找到了他们所参加的第一次聚会。较之以前的学术研究所作的预期，这些数字是一种意味深长的偏离。例如，韦尔巴、施洛兹曼和布拉德利（1995）发现，超过 80% 为竞选招募而作的联络要借助于个人的社会关系。根据公民志愿模型（civic voluntarism model）,[13] 基础水平的社会关系网对于吸引和保有支持者而言是必不可少的。在迪恩的案例中，这些关系网却在很大程度上缺失了——新技术容许迪恩从零开始创造地方性的、去中心的社会关系网。

---

〔12〕 "1－800" 电话是美国最常用的免费直拨电话前缀。——译者注

〔13〕 由韦尔巴（Verba）等人在《表达与平等》一书中发展出的 "公民志愿模型"（Civic Voluntarism Model），认为政治参与行为是公众的政治卷入（兴趣和动机）、社会网络和参与资源共同作用的结果。——译者注

没有因特网的迪恩：设想一下相反的情况

到此为止，对于迪恩最初崛起为民主党领跑者，我提供了一种因果说明。在社会科学中，因果问题最终关乎反事实（counterfactuals）。因此，很值得综合所有这些观察来追问：如果没有因特网，我们会如何设想迪恩竞选活动的展开？尽管这样的分析永远不会是某种精确科学，但是关于参与、筹款和初选政治的既有的扎实研究，使得对迪恩案例的研究比大多数案例都容易。

在 2004 年的初选战场，迪恩拥有超越其竞争者的多个潜在优势，无论有还是没有因特网这些优势都是显要的。许多迪恩支持者反对伊拉克战争，而再没有别的坚定的反战候选人。作为州长和医学博士，迪恩展示了令人信服的个人叙事技巧。他发表演说时活力四射的形象（以及他抨击总统时的那种狂热）和他的对手们形成鲜明对照。对于黑马候选人来说，被漠视就是最大的危险；但迪恩却是始终值得被谈论的对象。

那么，一个完全离线（off－line）的迪恩竞选将会仍然有其力量。但有一样事将不可能完成，即筹集到迪恩最终得到的那 5200 万美元中的很大一部分。迪恩的竞选挑战了每一位之前的初选候选人的范例，挑战了共和党在小额捐款上的长期优势，挑战了关于候选人从谁那里、筹集到多少资金的每一种政治学模型。不仅仅所筹到的巨大资金总额显示出因特网的作用——尽管这意义足够重大——而且大额与小额捐款之间的比例也显示出这种作用。近来仅有的从小额捐助者那里筹集到可观比例经费的其他那些初选竞选——特别是克拉克（Clark）与丹尼斯·库西尼奇（Dennis Kucinich）的竞选——它们自身就在互联网上投入大量资源。不仅如此，参议员克里一经提名，他在网络筹款方面的迅速成功就急剧提升了其从小额捐助者那里所获资金的比例：1月末的时候，他58%的资金来自那些每人2000美元的大额捐助者；而到了6月末，那些最大限额捐助者只承担了克里选战总资金的34%（CRP 2004）。

要对没有因特网时迪恩的预期筹款有个概念，那么让我们为了论证而作两个假定：首先，迪恩的在线成就所吓退的大额捐助者和所能吸引的一样多；[14] 其次，没有因特网，大额捐助者还是会提供差不多如下比例的迪恩资金——如同他们提供给以前的初选候选人，或者提供给那些未能运作起强劲的网络竞选运动的迪恩竞争者们一样的比例。迪恩吸引了2851名捐助了2000美元最大限额的捐助者。让我们设想，这些捐助者将承担迪恩资金的50%——仍然少于他们在布什、克里、爱德华兹、迪克·格普哈特（Dick Gephardt）与乔·利伯曼（Joe Lieberman）的早期筹款中所承担的比例。在此情形下，迪恩将至多筹到1100万美元竞选资金，或者说他实际筹款总额的21%——在竞选筹款方面他就落在了所有上述候选人之后。

这些事实只会留给我们两个可靠结论：要么因特网突然使得一些候选人能够比过去筹集到更多小额资金，要么政治版图中的其他变化因素——恰好与网络在竞选方面的广泛运用相关联的因素——要对此负责。既然这么多新的资助是在线获取的，"奥卡姆剃刀"[15]提示我们应归因于因特网。

---

〔14〕　借助网络竞选，他在网上吸引了一些大额捐助者，也吓退了一些大额捐助者，如果这两者一样多，那么就可以假定：无论有没有因特网，大额捐助者的总数前后都是确定的，即下文所说的2851名。——译者注

〔15〕　奥卡姆剃刀（Occam's razor），作为一种哲学方法论原则，亦称"简单性原则"或"经济原则"。它提出，在具有同等解释力的两个或多个理论中，人们应该选择使用最少假设的那个理论。它因来自中世纪哲学家奥康的威廉（William of occam）而得名。——译者注

迪恩竞选的第二个领域，即他的志愿者关系网络，也将呈现别样的面貌。将迪恩的志愿者与之前竞选中的志愿者相比，可见若没有见面会现象，迪恩的那些志愿者团体将会小得多。并且，它还将会更多地依赖于既有的人际关系网络，将不会在地理上如此分散，并且相应地它将会拥有更多资深老手、拥有更少以前并不活跃的志愿者。

最后，迪恩所获得的早期媒体报道，主要关注其在线的筹款与志愿者招募方面的成功。若没有在线竞选运动的这些财政与组织上的成果，很多关于他的报道根本不会发生，迪恩仅能用既有知名度（name recogniction）在一个拥挤的赛场拼搏。当然，若没有广泛的媒体报道使得他的竞选胜利有望，迪恩也不会赢得主要的支持。

只有少得可怜的资金、单薄的志愿者组织，没有那种铺天盖地的（且通常也是热烈赞扬的）关于其竞选活动的早期媒体报道，那么迪恩会处于何种境地？也许凭运气，不会出局，也不会有深孚众望的诅咒，而在爱荷华与新罕布什尔的强势收官，可能会为他后期的初选提供某种坚实的基础。然而，没有因特网，迪恩恐怕不可能起步就变得如此令人敬畏。

<h2 style="text-align:center">开 端 的 结 束</h2>

在爱荷华党团会议之前的数月中，迪恩竞选运动似乎已为因特网作好了肯尼迪—尼克松辩论曾经为电视所作的准备：[16] 为这一新

---

〔16〕 1960 年 9 月 26 日，总统候选人理查德·尼克松和约翰·肯尼迪进行了美国总统竞选历史上第一次电视辩论。在政治学、美国政治史和新闻传播史方面，它的重要意义后来都不断被提及和反思。——译者注

媒体的政治力量提供一个无可争辩的证明。但结果却虎头蛇尾。在迪恩垮台的余波里，一些观察家们对迪恩的候选人地位不屑一顾，将其当作关于数字政治之重要性的一场失败的全民公决。迪恩竞选运动的很多经验实际上是具有教益的：势头很重要；候选人被感知到的生命力与可当选性（viability and electability）很重要；候选人的失态与言辞不当很重要；初选中的选民相比于党派积极分子有着不同的偏好，这也很重要。即使是拥有最好资助的竞选，也不能确保胜利大局。

但这并不是故事的全部。在试图将迪恩塞进既有的解释模式时，学者们不应忽视那些关键方面，在这些方面他并不符合既有模式。政治学者们困惑的不是迪恩为什么失败了，而是他如何就成为了最初的热门人选。

我对这一问题的回答很简单：改写此前总统竞选的，是因特网，笨蛋。[17] 迪恩竞选运动所达到的地理范围，它的那些志愿者团体的规模，以及它调动之前并不活跃的公民的能力，都源于迪恩的因特网策略。迪恩挑战了几乎所有关于政治筹款的惯常知识：谁捐款、捐给谁、捐多少，以及传达着什么样潜在的信息。克里被提名之后，瞬间继承了迪恩的筹款成就，在 2004 年第一季度就筹到了令人吃惊的 4000 万美元（其中 2600 万来自网络），与布什的筹款机器不相上下。最终，克里在线筹集了 8300 万美元，超过其筹款总额的三分之一（Justice 2004）。

但迪恩的成功并非侥幸，而是美国政治版图震撼巨变的一部分，

---

〔17〕 "It's the⋯, stupid." 作为美国政治文化中的一个流行句式，来自 "It's the econo-my，stupid（问题是经济，笨蛋！）"，后者据说形象地道出了 1992 年克林顿获得总统竞选胜利的原因，因为他当时把政策主张集中在经济问题上。——译者注

对此最好的证据来自 2008 年选举周期。由于本书预备在 2008 年初出版，民主党总统候选人提名之战尚未尘埃落定，而麦凯恩已在共和党内取得胜利。在如此早期的阶段，这次竞选的很多方面还很难预估，但在筹款方面，可靠的数据已能找到。如同之前的选举周期一样，因特网显现为一种对自由派和民主党候选人特别有效的工具。在网络筹款上最成功的共和党人罗恩·保罗（Ron Paul），采取了并不被大多数共和党人所认可的支持公民自由与反对伊拉克战争的立场。尽管保罗竞选筹款开始进展缓慢，但他最终在 2007 年最后一季度筹集了 2000 万美元——多于麦凯恩和米特·罗姆尼（Mitt Romney）——排名第二的共和党候选人——的筹款之和（Malcolm 2008）。当然，如同迪恩的情况一样，保罗在投票箱前的失败提醒我们，仅仅筹款并不能保证选举的成功。

网络筹款对 2008 年选举周期的影响可以在奥巴马竞选中更清晰地观察到。希拉里（Hillary Clinton）与奥巴马超过了之前的民主党筹款记录，在 2007 年度希拉里筹到了 1.18 亿美元，奥巴马筹到了1.03 美元（Wayne 和 Zeleny 2008）。与既有模式相一致，希拉里 2007年选战资金的大约一半来自给予 2300 美元最大限额的捐助者，而最大限额捐助者贡献了奥巴马 2007 年资金的三分之一。更能说明问题的是，奥巴马资金中来自给予 200 美元及以下的捐助者的占比于2007 年的每个季度都在上升，从第一季度的 23% 到最后一季度的47%（Healy 和 Zeleny 2008）。而在初选投票开始时，奥巴马来自小额捐助者的在线筹款爆发式增长。仅 2008 年 1 月份奥巴马就筹到 3600万美元，其中 2800 万来自网络捐款（Luo 2008）。奥巴马仅在 1 月份的网络筹款，就比迪恩在整个 2004 年竞选周期中的筹款还要多。奥巴马 2 月份的收获更加巨大：5500 万美元，其中 4500 万来自网络捐款（Zeleny 和 Seelye 2008）。到 2 月末的时候，已有超过 100 万的公民为奥巴马竞选捐款。

奥巴马的筹款结果令人印象深刻，但与此同时，同样重要的是指出他的很多竞选努力并无创新。奥巴马竞选运动的最大开销是媒体广告、团队薪水和旅行花费，与消耗掉绝大部分希拉里竞选开销的那些名目几乎一样。[18] 特里皮（Trippi）自己，在这一选举周期的大部分时段作为爱德华兹的高级顾问，指出奥巴马的成功依赖于一种传统的、高度中心化的竞选组织，其关键性的战略决策由一群经验丰富的助手所作出。特里皮将奥巴马的竞选描述为具有混合式运作特点的"顶层发令与控制，同时授权底层有所差异化"（转引自Berman 2008）。

表 2.3　党派性与政治性网站访问次数

	模型 A 系数 标准误（Std. Err）	模型 B 系数 标准误（Std. Err）
强民主党人士	.72*** (.17)	(　)
弱民主党人士	.32* (.17)	(　)
倾向民主党的独立人士	.52*** (.20)	(　)
倾向共和党的独立人士	.14 (.21)	(　)

---

〔18〕　对总统竞选花费数据的分析来自响应政治研究中心（Center for Responsive Politics），载 http://opensecrets.org，访问时间：2008 年 3 月 4 日。

	模型 A 系数 标准误（Std. Err）	模型 B 系数 标准误（Std. Err）
弱共和党人士	.03 (.18)	（ ）
强共和党人士	.50*** (.17)	（ ）
党派认同标准	（ ）	-.06*** (.02)
受教育年限	.08*** (.02)	.08*** (.03)
收入	.03 (.02)	-.02 (.02)
年龄	-.008*** (.003)	-.006* (.003)
女性	-.31*** (.10)	-.30*** (.10)
黑人	-.14 (.15)	-.08 (.15)

　　这张表显示政治性网站访问频度的有序概率模型，基于 GSS 2004 年的数据。序数因变量（the ordinal dependent variable）由对以下问题的回答构造起来：在过去 30 天里，您为获取政治信息而访问政治性网站的频度如何？共有四个类别：①从来也不；②1～2 次；③3～5 次；④超过 5 次。并不倾向于两个主要政党之一的独立人士在模型 A 中作为基础类别。模型 B 使用了 7 分制的党派认同标准，分值越低表示与民主党联系越强，分值越高则表示与共和党联系越强（*表示 P<.10，**表示 P<.05，***表示 P<.01）。

迪恩竞选运动标志着网络政治开端的结束（the end of the begin-

ning），在此，这一媒体冲击了那些传统关切之所在，例如筹款与动员。奥巴马复制并且最终超越迪恩筹款的能力，使理解迪恩现象的任务变得更加紧迫。在 2004 年和 2008 年竞选之后，很少有人会否认因特网已经转变了政治捐款（political giving）的形式。而无论 2008 年总统竞选的最终结果如何，迪恩和奥巴马的例子都表明，争取资源的竞选要比争取选票的竞选变化得更快。

第三章

"谷歌政体": 政治性网站的链接结构

> 如果人人发声, 就没有人真正能发声。任何单一的表达都会湮没
> 于成千上万的: "嘿, 这是我的博客, 我觉得开个博客会是个很棒的
> 主意, 因为我的猫好可爱。我会贴上我的猫的照片, 并且我爱耶稣。"
>
> ——用户"Dancin Santa"发布在 Slashdot. org

38　　在研究政治表达时, 政治学者们检视了很多类型的公民政治参与。他们研究谁志愿服务于政治竞选活动, 谁写信给他们的当选代表, 谁加入倡议团体 (advocacy groups), 谁为政治目的捐款——当然还有, 哪些公民会投票、投给谁。这些传统的政治活动及其网络类似物, 正是之前一章关注的内容。迪恩引起了因特网狂热爱好者的注意, 同样也引起了怀疑论者的注意, 因为他的竞选运动表明, 因特网会影响这些长久以来有效的因素。每场竞选运动都期望有无数的志愿者; 迪恩表明志愿者可以被在线动员。每场竞选运动都期望有大量的资金; 而正是因特网为迪恩的筹款成功推波助澜。

　　这种对政治行为传统领域的关注, 至此看来是正确的。但这一章退后一步。关于因特网与政治表达的那些观点, 关注政治话语与关注政治参与一样多。反复出现的一种论调是, 因特网是一种"窄

播"或"点播（pointcasting）"媒体，提供公平的竞争环境，清除传统的守门人，让边缘化或资源贫乏的群体得以发表意见。据某些人看来，甚至穿着睡衣的公民也能在网络政治中被听见。

断言网络窄播之重要性的那些观点之所以持续存在，部分地是因为它们很难被检验。这样的一些理论——相当违反直觉地——声称，在网络上并非是那些最大的网站至关重要，反而是那些最小的网站才举足轻重。严格来说，这样的一些小网站所获得的流量太小，以至于它们的相对重要性无法被调查数据精确测量。即使是后面几章用到的大规模的、千万量级对象的来自 Hitwise 的样本，也不能精确测量在这样一种显微水平上的流量模式。

本章提出一种新方法来处理这一窘境。它指出，如果我们想要理解因特网如何正在（或者不在）改变着政治版图，那么我们必须考察另外一种政治行为：超级链接（hyperlinking）。在此过程中，必然会重新思考关于网络开放性的某些假设。

在因特网中，从数据包在哪里被引导分流，到多少人被允许加入某个美国在线（AOL）聊天室，不同层次的硬件和软件控制着这一切。通常的图式就是把因特网的构造想象为三重关联的层次（Lessig 2001；Benkler 2006）：最底层是**硬件层**，即计算机设备和联结它们的线路；在此之上是**代码层**或**逻辑层**，即在网上传输数据的网络协议（protocols）；最后是**内容层**，即文档、文件和服务于用户的软件应用。莱斯格及其他人认为因特网的构造是不固定的——并且出于商业和安全利益而去更改因特网结构的企图，会危及这一媒体的开放性。[1]

这些学者当然是正确的，如果我们想要理解因特网的社会与政

[1]　这方面可参见 Castells 2000，Boyle 1996，Deibert 2000，2003.

治效果，那么我们需要更进一步考察它的基础结构（infrastructure）。而本书的一个核心主张在于，我们对因特网基础结构的理解需要进一步拓展。本章断言，因特网的链接结构在塑造网络政治行为方面尤其重要，尽管它与传统上关于网络结构的"夹心蛋糕"式描述并不很好地契合。

成百上千万的美国人如今创建了他们自己的博客或网站。紧随其后的是数以十万计的交易业务与组织机构。创建从一个网站到另外一个网站的链接，并不能召唤起"行动主义（activism）"所设想的积极活动（activity），并且那些链向别处的网站甚至也不能倡导它们所推介的政治观点。本章将会表明，这些站点的所有者们相互链接的方式并不是随机无规律的。

40　　　相互连结的模式亦即超级链接形式，是这一媒体之所以被称为互联网的首要原因。超级链接蕴涵了许多有用信息。大多数用户每天都可见到一种有形的展示——网页排名（PageRank）。在此，赋予谷歌搜索引擎以强大力量的排名算法程序，主要是依赖网络的链接结构来整理其结果。其他的搜索引擎，包括雅虎和微软搜索，同样是聚焦于链接结构。尽管超级链接嵌在网络的内容层，但它们实际上已成为以下这种或许应被视为网络结构的另一个更高层级的支柱：我们或可称之为**搜索层**，它包含用户借以搜索和分类在线内容的各种各样的手段。由于大部分网络流量源于搜索引擎推荐，所以搜索的工具和方法可以说就和内容本身一样重要。并且谷歌的发展史也表明，即使网络的内容层（大部分）仍然保持原样，因特网搜索层的变化也会给网络使用带来引人注目的后果。

本章所展现的研究，是在与科斯塔斯·西兹尔里克利斯（Kostas Tsioutsiouliklis）和朱迪·A.约翰逊（Judy A. Johnson）的合作中进行的；

在进行这项研究时，他们两人都是 NEC 研究实验室的科学家。我们证明，网络的链接结构可以粗略预估政治性网站的相对能见度与相对流量，即使在那些因规模太小而没法用横切面（cross－sectional）数据加以研究的网站群落（communities）中也一样。指向某个网站的链接数量，既关联于它在搜索引擎中的排名，也关联于它最终获取的访客数量。网络链接的拓扑结构因此就让我们得以绘制一幅粗略的地图，以显示公民们的注意力如何在不同的网络信息源之间分配。

西兹尔里克利斯、约翰逊和我，使用计算机科学技术探索了几百万网页，对讨论各种各样主题的网站的那些话题集群（topical clus-ters）进行考察：国会、一般政治、堕胎、总统、死刑，以及枪支管制。每一站点群落（community of sites）中的链接分布都接近于一种幂律（power law）状况，即一小簇超级成功的网站获得了绝大多数的链接。

一种流行的观点是，网络像某种窄播或点播媒体那样运作，但这与数据并不相符。同样与数据不符的说法是，声称因特网由"长尾效应（long tail）"所支配，或者声称网上政治群落为公民讨论提供了"巨大"数量的"等程度地被阅读（moderately read）"的发泄途径（outlets）。网络的链接拓扑结构显示，网上公共空间并不如很多人所希望或害怕的那样开放。 41

链接结构能告诉政治学者什么

近些年来，网络结构已成为硕果累累的一个学术领域。尽管这项工作的大部分都是由计算机科学家和应用物理学家所完成，但他们在网络的表面混乱中所发现的模式，应该有理由让政治学者们重新思考网络的政治性含义。

考察网络结构的核心发现是，网站之间的链接遵守着很强的统计学规则。就整个网络而言，链入和链出的超级链接的分布，遵循着某种幂定律或者说无标度分布（scale–free distribution）规律（Barabási 和 Albert 1999；Kumar 等人 1999）。更确切地说，一个随机选择的拥有 K 个链接的网页，如果 K 足够大，则这一网页的出现几率（probability）与 $K^{-\alpha}$ 成正比。

当观察值的大小与其出现频率（frequency）成负指数关系时，数据遵循着幂律分布。例如，正如维尔弗雷多·帕累托（Vilfredo Pareto，1897）著名的解释，财富的分配是一种幂律分布，在此 20% 的人口控制了 80% 的财富。无数的其他社会和自然现象也遵循着幂律模式，从地震到细胞内的蛋白质关系网，从公司的规模到城市的规模，从战争惨烈程度到性行为的次数（Huberman 2001；Krugman 1994；Cederman 2003；Liljeros 等人 2001）。

正如这些多样性的学术研究所示，幂律结构可以由非常不同的基础过程所产生。但在每种情形中，幂律分布都会导致极其不均等的结果。想象一个假设的社区，财富在那里根据幂律分布。在光谱的一端，只有一个百万富翁，有 10 个人拥有至少 10 万美元，有 100 人拥有 1 万美元，有 1000 人拥有至少 1000 美元；在光谱的另一端，100 万人共同拥有 1 美元。在这一假设的社区中，财富的分布与函数 $K^{-\alpha}$ 成正比，其中 $\alpha = 1$。

42 在网络环境中，研究发现，网上资源甚至比上述假设的例子还要远为集聚化，对于链入链接会产生 $\alpha \approx 2.1$ 的数值，对于链出链接 $\alpha \approx 2.7$（Kumar 等人 1999；Barabási 等人 2000；Lawrence 和 Giles 1998；Falout-

sos，Faloutsos 和 Faloutsos 1999）。[2] 少数受欢迎的站点（例如雅虎或者美国在线、谷歌）获得了总链接数中的大部分；不太成功的站点（例如大多数个人网页）几乎未获得任何链接。流量和链接结构一样，遵循着大致同样参数的幂律分布（Huberman 等人 1998；Adamic 和 Huberman 2000）。因此，有一小簇网站获得了绝大部分链接，也有一小簇网站获得了绝大部分的在线访客。就这一章的意图而言，揭示这两组站点实为同一组，意义非凡。

我和同事们从两个路径来揭示这一点。在下述部分中，我将阐明**为什么**我们应该认为，指向一个站点的链接数是一种有效的流量预测者：用户浏览模型和搜索引擎，都将用户送至已积聚了绝大多数链接的那些站点。然后，通过考察链接与流量关系的实际（real - world）数据，我们将验证这一观点。

搜索在线信息

为了访问一个网站，人们首先必须能找到它。已知的那些站点，或者借用线下手段找到的那些站点，可以通过键入 URL 地址和使用浏览器书签来访问。社会关系网也能在引导用户访问新站点方面发挥作用；电子邮件使得亲朋好友之间很方便地相互推荐网站。

但就用户自身而言，他们只有两种方式来找到之前未知的内容。首先，可借助从已知站点的冲浪离开而发现新内容；其次，也可通过在线搜索工具，例如谷歌或者雅虎的目录服务（directory service）来找到。在这两种情况下，链入链接数都是网页能见度（visibility）的关键决定因素。

---

〔2〕 Barabási（2000）和 Kumar 等人（1999）似乎不同意链出链接的 α 值，提出 α = 2.4。这一研究还表明，这些参数一直是高度稳定的，即使互联网已经历了爆发式的增长。

链入链接和流量之间的关系通常是简单的：超级链接的存在，就是要带来点击。通向某个网站的超级链接越多，用户连接网站时追踪这些链接的机会就越多。总而言之，通向一个站点的路径越多则流量就越多。

对个别冲浪者真切成立的事情，对于搜索引擎而言则是成倍地成立。第一代搜索引擎，例如 Alta Vista，聚焦于关键词密度（keyword density）和具体网页中可见的其他特征。谷歌搜索引擎则是一个强大的颠覆性技术。谷歌的贡献在于采取了更加开阔的视角，利用网站*之间*的联系来找到最好的内容。谷歌创立者谢尔盖·布林和拉里·佩奇（Sergey Brin and Larry Page, 1998）发明了网页排名，这是一种递归算法，使得从**其他**获得大量链接的站点来获得大量链接的站点，会排名非常靠前（也参见 Pandurangan，Raghavan 和 Upfal 2002）。根本而言，各种站点是在一场人气竞赛中被排名，在此每一个链接就是一票，但是来自其他人气网站的投票要更有分量。[3]

无论搜索引擎还是冲浪行为因此都赋予同一类网页以特权。那些被大量链接了的站点变得引人注目，而大多数其他网站则可能被漠然无视。

到 2006 年 7 月为止，谷歌占有美国搜索引擎市场 60% 的份额，[4] 而雅虎搜索的份额是 23%，MSN 搜索份额是的 12%（Tancer 2006）。过去几年中，谷歌持续从其竞争对手那里拿走市场份额。或

---

〔3〕 随着时间的推移，谷歌不断把其他因素结合进它的评估算法。尽管这些改进让操纵搜索引擎结果变得更难，但在综合排名方面只有轻微变化——特别是前几个页面的搜索结果。在写作本书时，网页排名和类似的链接结构测量标准仍然是谷歌排名系统的支柱。

〔4〕 这个数字包括了在 AOL. com 上面由谷歌驱动的搜索。AOL 搜索占据总市场的 7%；若排除 AOL，谷歌的市场份额是 53%。

许有人会认为，一个不那么集聚化的搜索引擎市场会有助于保障可见内容的多样性。但只要搜索引擎关注的是链接结构，那么以网页排名来显示的人气竞赛动力学就很难避免。众所周知，HITS 算法是对网页排名算法的一个替代，利用"结点（hubs）"和"权威（author-ities）"相互加强的结构来排列结果（Kleinberg 1999；Marendy 2001）。克莉丝·丁（Chris Ding）及其同事们（2002）表明，即使 HITS 方法是在源自网页排名的"搜索引擎光谱的另一端"，它也倾向于将同样一批站点排在前列。事实上，这两种算法——并且任何可能的竞争者——所产出的结果，与仅借助站点所获得的链入数量来排列站点相比，几乎很难有所不同（Ding 等人 2002；Tomlin 2003）（搜索结果方面的相似性将会在后面章节中非常详细地探讨）。

44

链入链接与网站流量之间的关系

概而言之：我们知道就网络整体而言，流量和链接都是幂律分布。我们也有理由相信，流量会被引导到那些密集地被链接了的站点中。但是，实际中链接结构与站点访问之间的关系究竟有多密切？

无论是我们自己还是其他研究者们的分析都表明，这种关联是相当强大的。惠普实验室的拉达·阿达米克提供给我们关于指向网站的链接以及相应地这些站点所获得的访客数等数据。这些站点访问数据来自某个大型因特网服务提供商（ISP）的一组随机选取的匿名用户。它们包括 6000 个用户的 120 000 次站点访问；被访问站点的链接数据由 Alexa 公司收集。

在这些数据中，链入链接数和站点访问数高度关联，相关系数为 0.704。指向一个站点的原始链接数的确预测了其大部分流量。结果似乎尤其表明，这一数据也包括了那些广告链接在内；众所周知，在线广告的点击率（click - through rate）很低，所以广告站点被密集链接却很少被访问。[5]

在幂律分布中，观察值的极小部分产生了绝大部分的变化幅度（variance）。我们或许以为，移除或忽视位列顶端的那些站点，会弱化这种相关性。对这些数据取方根——因此压缩了最大和最小观察值之间的差异——可削弱（attenuate）链接与流量之间的关系。对数据取方根之后，相关系数下降到 0.449。对数据进行分段切割（segmenting）显示了同样的结果。若我们从流量来考察只是位例前端的500 个站点，这一相关系数轻微上升到 0.726。但在**没有**这 500 个站点的剩余数据那里，这一相关系数只有 0.118。

链接模型因此似乎相当擅长于发现这一小群流量极大的站点。在不太受欢迎的站点中，变化幅度就远远少得多，并且在此链入链接几乎无法告诉我们，一个站点能够获得 2 位访客还是 20 位访客。

另外一些人同样指出博客链接与博客流量之间的一种强大联系。某些站点追踪这些在线日志所获得的链接数，并且很多博客使用 Sitemeter. com 来追踪访客。利用这些数据，克莱·舍基（2004）发现，在博客这里和在上述关于网络整体的数据那里，链接和流量都有着大致一样的相关性。舍基也发现，链接最擅长于预测人气站点的流量。

所有这些让我们回到最初的问题：流量是如何在政治性网站之间分配的？尽管因特网全局性的幂律分布是清楚的，但某些站点子群组（subgroups）也与整体模式明显地有所偏离。在特定类型的站点中，研究者们发现超级链接较少地偏向于几个优势站点（Pennock 等人

---

〔5〕 根据我们借以收集这些数据的那些项目（terms），站点的 URL 并未被标记，所以广告链接并不能从这一分析中被删除。

2002）。特别是尤查·班科勒，他从事了大卫·潘诺克（David Pennock）
及其同事们的大部分研究，后者（如同我们的研究一样）出自 NEC
研究实验室。班科勒声称，潘诺克及其同事们的发现支持了他的
"金发姑娘（Goldilocks）"理论，亦即网上的集聚度是"正好适中的
（just right）"。班科勒提出，网上政治内容的集聚程度正好支撑了"广
泛吸纳和局部过滤"（2006，248）。

　　尽管如此，需要强调的是，即使在潘诺克及其同事们的研究中，
遵循着更加平等主义模式的那些站点群落（communities），都已经是例
外而并非常规。那些并不遵循"赢家通吃"等级制度的群落——例
如，那些上市公司的网站和大学的主页——都具有一个共同点：它
们寄生于已经存在的、真实世界的社会关系网络。上市公司的雇员
们对他们专业市场领域（market niche）中的那些大企业和小公司都很
熟悉；大学的学者们既认识教育界的那些哈佛和耶鲁，也认识邻近
教育机构中的同行。正如阿尔伯特－拉斯罗·贝拉巴什（Albert－
László Barabási）所指出的，群落中这种水平的视野能见度，在网上罕
见稀有。

　　因此还远未确定，政治性网站的那些子类别（subcategories）会和
班科勒所预设的一样遵循平等主义。要理解政治站点之间的结构，
唯一的方法就是去直接测量它。下一部分将提出方法论以精确地实
现这一点。

网上政治群落的链接结构

　　在这一章中，我会调查因特网中普通用户在搜索常见类型的政

46 治信息时最可能看见的部分。显然，我并不试图去描述每一个在线的政治网站，或者甚至某个类别中的每一个政治网站。我们的目标并不是去克服由互联网之规模所强加的那些限制；而是要展示出这些限制在一般用户可见的站点数量与类型方面所造成的偏向（biases）。

我和同事们所选择的研究设计，得益于大量既有的计算机科学研究（这一研究的一部分，概述于本书的附录中）。我们所采取的方法有 4 个主要步骤：

（1）创建分别包含 200 个站点的 12 张列表，这些站点是在各种政治范畴中排名最高的"种子站点"。我们选择了 6 个范畴；在每一个范畴中，一张列表取自谷歌搜索引擎的结果，另一张列表取自雅虎目录服务。

（2）建立许多网络机器人程序，从这 200 个站点出发去抓取信息，依次沿着每一个链接，抓取深度为 3 层链接。每一次抓取，要求下载大约 25 万个 HTML 网页，也就是说在所有的 12 次抓取中下载了大约 300 万的网页。

（3）使用支持向量机（SVM）算法对这些已下载的网页分类（classify），以确定是否新遇见的网页与已给定的范畴相关——例如，在抓取中发现的一个远离枪支管制站点的网页是否也关注枪支管制。那些确实隶属于某一具体范畴的网页，就被归类为"阳性（positive）"。

（4）对于 12 次抓取中的每一次，分析其阳性站点集内那些链入链接的分布状况。

最终有 6 个范畴的网站被选中：这些站点涉及堕胎、枪支管制、死刑、美国国会、美国总统以及兼容性的"一般政治"的范畴。让人类程序员（human coders）对这些已下载的网页进行分类显然是不可行的。即使一个程序员可以每小时分类识别 120 个网站，要对 300 万个网页分类，也会需要一个人每天 8 小时地工作 10 年。人工判别（categorization）还会产生偏见和主观性的种种问题。

为解决这种困难，我们利用许多支持向量机（SVM）来自动对这些站点分类。本书附录描述了 SVM 的技术操作。SVM 分类器对相关联的网页给出了可靠的判别；而最重要的是，人工编码（human coding，下面会讨论）会产生一些错误的阳性归类。

种子网站的选择显然是关键性的环节。不仅这些站点集决定了 47 网络抓取的起点，进而决定被下载和分析的网页范围，而且这些站点也用来训练 SVM 学会识别相关联的内容。我们一开始就担心，人工分类的（human – categorized）内容和由搜索引擎返回的机器分类的（machine – categorized）内容之间的可能偏差。因此，在每一范畴下面，我们既分析由谷歌产生的种子站点集，也分析来自人工分类的雅虎目录服务的种子站点集。最终，谷歌和雅虎的种子站点集得出同样的结论。

结 果

所考察的 6 个政治话题彼此差异很大，我们的研究设计也引入了许多具备潜在异质性（potential heterogeneity）的来源。因此，在这些结果中，那种一致性的水平则格外令人震惊。所有的 12 次抓取都显示，这些网站群落有着相似的组织原则和相似的链入链接分布状况。

首先，让我们考察这一项目的涉及范围。表 3.1 列出了所下载的网页数量以及 SVM 分类的结果。抓取的规模非常之大，平均每次大概是 25 万的网页。SVM 阳性集合的规模根据主题的不同而变化；关注具体政治问题的群落，比那些关注总统或美国国会的群落要小。而在这些大量被抓取的网页之中，只有一小部分网页与已给定的范畴相关。

表 3.1 表明，SVM 分类器优秀但并非完美。对 500 个随机抽取的阳性网站进行人工编码（human coding）后发现，只在其中 9 个地方，人类程序员（human coder）将网页看作与问题域不相关。同样，在阴性集合中只有少数的站点看起来是被归错了类。[6] 不过，有较大一部分站点由于靠近 SVM 的判定边界（decision boundary），因而被归类为"不确定"。SVM 对之有所犹豫的这些站点，占到阳性集合规模的 7%～25%。人工编码表明，这些站点中的大多数应该包含在阳性集合内。对包含在阳性集合内的不确定站点进行二次分析，没有发现与下述详列的结果有根本的不同。

48

表 3.1　网页下载量及 SVM 分类结果

	下载	切题（SVM）	SVM 不确定
堕胎（雅虎）	222 987	10 219	717
堕胎（谷歌）	249 987	11 733	1509
死刑（雅虎）	212 365	10 236	1572
死刑（谷歌）	236 401	10 890	938
枪支管制（雅虎）	224 139	12 719	1798
枪支管制（谷歌）	236 921	13 996	1457

---

　　[6]　对 200 个阴性站点进行人工编码，没有发现人类程序员与 SVM 不相一致的例子。但这一发现与其说表明 SVM 分类器的精确性，不如说表明了互联网的狭窄直径；例如，Reka Albert，Hawoong Jeong 和 Barabási（1999）发现，网络上任意两个网页，平均有19 次点击之远。这意味着任何大规模抓取将立即遭遇大量不相关的内容，并且即使某个分类器将 100% 的站点归入阴性类别，在大多数时候也将会是正确的。

续表

	下载	切题 (SVM)	SVM 不确定
总统 (雅虎)	234 339	21 936	2714
总统 (谷歌)	272 447	16 626	3470
美国国会 (雅虎)	215 159	17 281	2426
美国国会 (谷歌)	271 014	21 984	4083
一般政治 (雅虎)	239 963	5531	1481
一般政治 (谷歌)	341 006	39 971	10 693

这张表显示了我们分析过程中所抓取的网络版图 (Web graph) 的规模, 以及 SVM 分类器判定为阳性的站点的数量。第一栏列出了所下载的网页数, 第二栏和第三栏分别列出了被 SVM 判定为拥有与种子网页密切相关之内容的页面的数量, 以及 SVM 所犹豫不决的页面的数量。

在某些情形下, 谷歌与雅虎的种子站点集非常不同。因此最开始还有些担心, 在谷歌与雅虎那里分别被辨识出的网页群落可能没法直接相互比较。但表 3.2 显示了分别来自雅虎和谷歌抓取的那些阳性集合之间的大量重合, 则着实有助于减轻这种担心。它表明雅虎和谷歌抓取所探测的是同样的一些群落, 清晰展示了互联网的狭窄直径。阳性集合中的大多数页面都是鲜为人知的, 只获得极少数的链入链接。只有一个超级链接路径的那些网页, 在雅虎与谷歌结果中拥有最少的重合。而对于那些被密集链接的网页, 雅虎和谷歌的结果几乎是完全重合的。

除去一个例外, 在所有研究范畴之下, 使用这些方法收集到的网页都在 10 000 到 22 000 之间 (表 3.2)。既然网络是如此巨大, 那么这些网页可能只是涉及这些话题的所有页面中的一个极小部分。49 不过, 比起这些切题的网页群落 (topical communities) 的规模, 更令人感兴趣的是它们相互关联起来的方式。表3.3 对通向这些相关网页的链接结构给出了概览。

表3.2　来自雅虎和谷歌抓取的阳性集之间的重合

	雅虎	谷歌	重合
堕胎	10 219	11 733	2784
死刑	10 236	10 890	3151
枪支管制	12 719	13 996	2344
总统	21 936	16 626	3332
美国国会	17 281	21 984	3852
一般政治	5531	39 971	1816

　　这张表给出了就特定政治话题而言，由雅虎种子集所引发的抓取和由前200个谷歌搜索结果所引发的抓取之间的重合。这一全局性的重合意味深长，对此数据的进一步考察表明，对于每一范畴之下那些最为密集被链接的页面而言，这种重合都几乎是完全的。

表3.3　SVM 阳性集内的那些站点的链接数

	SVM 阳性集	指向 SVM 集的链接	集合内部的链接
堕胎（雅虎）	10 219	153 375	121 232
堕胎（谷歌）	11 733	391 894	272 403
死刑（雅虎）	10 236	431 244	199 507
死刑（谷歌）	10 890	291 409	149 045
枪支管制（雅虎）	12 719	274 715	178 310
枪支管制（谷歌）	13 996	599 960	356 740
总统（雅虎）	21 936	1 152 083	877 956

续表

	SVM 阳性集	指向 SVM 集的链接	集合内部的链接
堕胎（雅虎）	10 219	153 375	121 232
总统（谷歌）	16 626	816 858	409 930
美国国会（雅虎）	17 281	365 578	310 485
美国国会（谷歌）	21 984	751 306	380 907
一般政治（雅虎）	5531	320 526	88 006
一般政治（谷歌）	39 971	1 646 296	848 636

这张表给出了 SVM 阳性集内那些站点的链接数，既有从集合外部来的链接，也有内部一个阳性页面到另一阳性页面的链接。请注意在大部分情形中，来自其他阳性页面的链接提供了链接中的大多数。

总体而言，网络版图（Web graph）是稀稀落落的；随机挑选的一簇网页，将会只有少数几个共同链接。相比之下，我们的阳性页面之间的链接数一律是巨大的。就 12 次抓取中的 10 次而言，从一个阳性页面到另一个阳性页面的链接占到了总链接数的一半还多。这使得我们更加确信，我们找出了具有一致性的网页群落（coherent mommunities of pages）。[7]

───────────────

[7] 值得注意的是，所示结果基于原始数据（raw data），因此可能有些夸大网络版图中的相互联系。举例来说：MoratoriumCampaign. org，作为反对死刑的一个流行网站，包含了一些密集地相互链接的相互关联的网页——相关网页 A 甚至可以包含不止一个通向相关网页 B 的链接。排除同一网站内那些页面之间的相互链接，就会排除这些链接中的很大一部分。不过，链入链接的分布仍然顽强地遵循幂律分布。由于我们相信链入链接的总数是一个网站的能见度和流量的最好预测者（Ding 等人 2002，Tomlin 2003），所以我们的分析聚焦于原始的链接数。

表 3.4　最受欢迎站点的链接集聚度

	站点数	指向顶级站点的链接（%）	指向前10名站点的链接（%）	指向前50名站点的链接（%）
堕胎（雅虎）	706	15.4	43.2	79.5
堕胎（谷歌）	1015	31.1	70.6	88.8
死刑（雅虎）	725	13.9	63.5	94.1
死刑（谷歌）	781	15.9	53.5	88.5
枪支管制（雅虎）	1059	28.7	66.7	88.1
枪支管制（谷歌）	630	39.2	76.8	95.9
总统（雅虎）	1163	53.0	83.2	94.9
总统（谷歌）	1070	21.9	65.3	90.9
美国国会（雅虎）	528	25.9	74.3	94.8
美国国会（谷歌）	1350	22.0	51.4	82.3
一般政治（雅虎）	1027	6.5	36.4	70.3
一般政治（谷歌）	3243	13.0	44.0	74.0

　　这张表展示出，在每一个被探测群落中，最受欢迎的那些站点所拥有之链接的显著的集聚度。第一栏列出了至少包含一个阳性页面的站点的数量；请注意，许多网站包含了大量相关联的网页。第二、三、四栏，显示了某个特定范畴下，顶级、前10和前50名站点所拥有的链入链接的百分比。

　　最后，我们想要了解的是这些链入链接的分布状况。表3.4的第一栏是每一范畴下的那些至少包含了一个阳性页面的**站点**的数量。例如，AbortionFacts.com是一个优秀的反堕胎网站，其中包含了许多与堕胎讨论相关的网页。如果我们所感兴趣的是政治信息源的数量，那么将所有AbortionFacts.com上面的页面算作一个单一整体就会更有意义。提供政治信息的那些站点的数量，从定义上来说，必定比网页的总体数量要小。

　　最重要的结果显示在表3.4的其他三栏中。此处我们可见，在

51

每次抓取中顶级、前10和前50名站点所拥有的链入链接的百分比。这一总体图景，展示了对一小撮超级成功站点的那种令人吃惊的集聚化的关注。除了一个低异常值，在这些抓取中，最成功的那些站点获得了总链接数——所有单一信息源所拥有的链接总数——的14%～54%。

特别有意味的是第三栏，它显示了每次抓取中前10名站点所拥有的链接百分比。在12种情形中的9种情形下，前10名站点占据了总链接数的一半还多。前50名站点在每一范畴下的站点总数中只占到3%～10%，但在每一情形下它们都占有链入链接的绝大部分。

因此很有理由确信，政治性站点群落在网上体现为"赢家通吃"的关系网络（winners－take－all networks）。但是，这些站点中的链入链接分布由某种幂律来支配么？答案似乎是肯定的。请看下面的图形：图3.1考察了那些涉及美国总统的网站，图3.2考察了那些关注死刑问题的网站。一个由雅虎种子集所生成，另一个由谷歌种子集所生成。

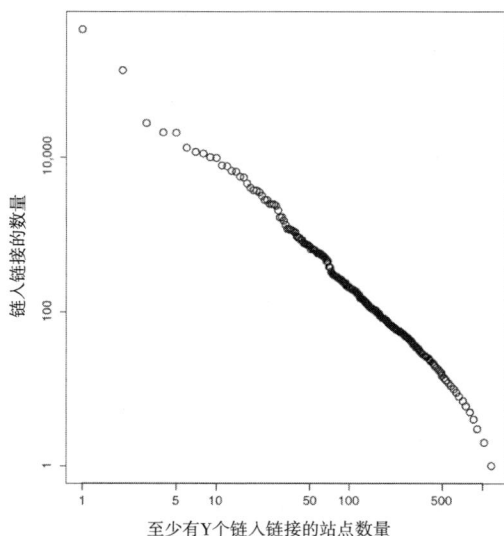

图3.1

这张图显示出关注美国总统的那些站点的链入链接分布状况。两个坐标轴都是对数刻度。请注意，这一数据形成了一条直线——这是关于幂律分布的确定无疑的证据。

幂律分布确定无疑的特征是：在坐标轴都是对数（logarithmic）刻度的图像中，数据应该形成一条直线。这正是图 3.1 所显示的情况：一种教科书式的幂律分布。一种相似但却不那么精确的模式在图 3.2 中显而易见，它更典型地体现了这些被抓取到的站点群落的特征。在此，由数据在双对数（log - log）刻度坐标系上所形成的线条略微向外凸起；随着站点数量增长，线条的倾斜越来越陡峭。关注死刑问

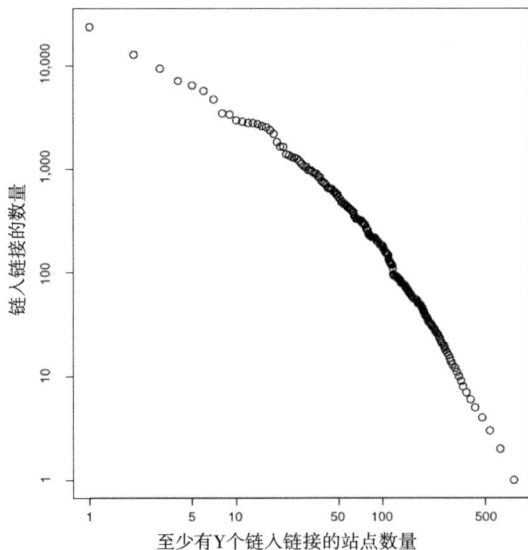

图 3.2

这张图显示出关注死刑问题的那些站点的链入链接分布状况。此处我们再次见到幂律分布的强大证据，尽管相对于被绘制数据有着一种轻微的上凸。将幂律拟合于这些数据，所产生的 R^2 为 0.952——在所探测的那些群落中是第二最低值。

题的站点群落在其末梢偏离了幂律分布——尤其在那些最受欢迎的站点中，在那里，一种纯粹的幂律分布会产生天文数字的链接。[8]

表 3.5 显示将幂律拟合到（fitting）12 次抓取中的每一次所收集的数据上时的结果。在此所选择的模型是简单常见的最小二乘法回归分析（least squares regression）。因变量（dependent variable）是指向一个给定网站的链接数量的对数。例如，如果网站 Q 有 1500 个链入链接，那么它取的因变量值就等于 ln（1500），或者说 7.31。解释变量（explanatory variable）则是拥有至少和网站 Q 一样多链入链接的那些网站的数目的对数。既然这两个变量之间的幂律关系在双对数刻度坐标系上应该产生一条直线，那么这些对数化（log - transformed）数据的线性回归分析（linear regression）就是一种直接的方法，以测试这种分布规律与这些数据之间的拟合程度。在此语境中的常量，是这一模型对群落中最受欢迎网站所预测的链入链接数的对数。

表 3.5 幂律拟合抓取数据的结果

	系数（$-\alpha$）	常量	R^2
堕胎（雅虎）	-1.544	11.834	.902
堕胎（谷歌）	-1.488	11.819	.972
死刑（雅虎）	-1.684	12.007	.977
死刑（谷歌）	-1.958	13.960	.952
枪支管制（雅虎）	-1.458	11.650	.961
枪支管制（谷歌）	-1.806	13.113	.968
总统（雅虎）	-1.659	13.014	.992

〔8〕 微曲线形状——它在双对数（log - log）坐标系中形成了一种柔和的、向下的抛物线——可能表示幂律分布和某种有着极端偏态（例如某种均数 μ 为 0 的对数正态分布）的其他分布之间的一种混合。

续表

	系数（−α）	常量	R^2
总统（谷歌）	−1.705	13.285	.975
美国国会（雅虎）	−1.909	13.239	.971
美国国会（谷歌）	−1.530	12.952	.953
一般政治（雅虎）	−1.252	10.583	.956
一般政治（谷歌）	−1.454	13.536	.977

这张表显示，将幂律拟合到 12 个被探测群落的结果，其方法是对已经取了对数的数据（logged data）进行通常的最小二乘法回归分析。因变量为某个具体网站（例如网站 Q）所获得的链入链接数的对数；解释变量则为样本中拥有至少和网站 Q 一样多链入链接的那些网站的数目的对数。如果幂律遵循 $K^{-\alpha}$ 形式，那么上面的系数等于 −α，即在双对数坐标系中幂律直线的斜率。这里的常量表示，那些最受欢迎的站点被预测获得的链接数的对数。

53　　　　这一分析显示，除了有几处需要警惕之外，幂定律很好地拟合了这些政治群落中的链入链接分布。相比于其他 11 个被探测的群落，雅虎堕胎群落的拟合度要差一些，但幂律模型所产生的 R^2 值仍然有 0.902。[9] 对于四五个最成功的网站，这一幂律模型始终预测着比我们在数据中实际所见还要更大数量的链入链接；同时它也略微低估了那些只拥有少数链接的站点的数量。这些偏差，特别是在曲线的上面部分，具有至关重要的意义，因为它们冲淡了对极少数成功站点的关注集聚度。

　　然而，即使在两个末梢都存在着异常值，在 12 个群落中的 11

----

　　〔9〕　在回归分析中，R^2 被称为模型或方程的确定性系数（coefficient of determination），表示在该模型或方程中变量 X 对 Y 的解释程度。R^2 取值在 0 到 1 之间，越接近 1，表明 X 对 Y 的解释能力越强，在此则表示该模型对数据的拟合程度越高。——译者注

个中，幂律模型所产生的 R^2 值却仍然都大于 0.95。**每一**群落的主体数据，都强烈依循着幂律法则，并且如果忽略 5 个最高的和最低的链接值，通常会产生一个近乎完美的拟合。政治群落中的链入链接分布，为强大的统计学规则所约束。

54

网站能见度与谷歌政体的出现

网上的站点群落是被幂定律更好地刻画，还是被某些其他类型的极端偏态（extremely skewed）的分布更好地刻画，这显然并不是中心要点。政治学者关心的是，致力于政治表达的那些站点群落中的集聚程度，所以有两点经验是清楚的。首先，无论以什么标准来看，高度可见的站点之数量都很少。网上政治群落似乎有着这样的常规属性，即在链接分布顶端的少数站点获得了比其余站点加在一起还要多的链接。其次，一旦跨出那些由成功站点构成的核心组，相对能见度就以高度规则的方式迅速下降。站点能见度的衰减不是线性的；而遵循的是一种跨越几个数量级的指数函数规则。考虑到种子站点和所探测的群落类型这两个方面的多样性，那么上述这些结果就是令人惊讶地稳固和前后一致的。

55

还有一点值得强调：即使这些站点被分解为次级群落（subcommunities），幂律结构仍然存在。例如在关于堕胎群落的两次抓取中，支持堕胎的站点在数量上超过反对堕胎的站点，达到 3 比 1 的比例。但反对堕胎的那些站点和支持堕胎的那些站点都由幂律所支配。尽管两组站点的斜率并不一样（反对堕胎的站点中有着更高的集聚度），其整体结构仍然聚焦于少数顶端的站点。同样的模式在关注枪支管制和死刑问题的群落中也是显著的，这两个群落中都包含清晰对立着的子群组（subgroups）。因此，网上政治群组（political groups）的结构可以设想为具有分形（fractal）性质——群落的子部分（sub-part）复制着群落整体上的"赢家通吃"模式。在此，政治性的内容又一次再现了于互联网其他领域所见的结果（Song，Havlin 和 Makse 2005；Dill 等人 2002）。

综合来说，这一章的诸多见解合成为一种我和同事们称之为谷歌政体（Googlearchy）的新理论：密集链接者法则（the rule of the most heavily linked）。基于前面的研究和上述引用数据，这一理论有这样几个主张。

第一，谷歌政体表明，指向一个站点的链接数是站点能见度的最重要决定因素。那些有着许多链入链接的站点，会易于被发现；那些只有少数链入链接的站点，会需要更多的时间与技能才能被发现。在其他条件相等的情况下，有着更多链接的站点会获得更大的流量。

第二，谷歌政体表明，利基优势（niche dominance）是网络生活中的一个普遍规则。对于每一清晰界定的网站群组，组内的一个极小部分会获得绝大部分的链接与绝大部分的流量。群落、子群落以及子子群落，在其集聚程度上可能有所不同；但整体而言，网上站点群落显示出一种俄罗斯套娃（Russian－nesting－doll）的结构，在每一层次上都由"赢家通吃"模式所支配。

第三，谷歌政体表明，这种对链接数的依赖性，会使得利基优势得以自我延续。被密集链接的那些站点将继续吸引更多链接、更多眼球，以及更多用以提升站点内容的资源，而那些只有少数链接的站点则仍然被无视。

这一原创研究进行以来，其他一些学者已尝试去验证，搜索引擎是否的确强化了在链接结构和流量方面的不平等。有学者给出数据表明搜索引擎**正在**恶化富者越富的现象，使得网络流量比仅仅由随机上网冲浪所引致的更加集聚化（Cho 与 Roy 2004）。另外一些人则对此有异议，声称有搜索引擎相比于没有搜索引擎的其他情形，减轻了网络流量的集聚程度（Fortunato 等人 2006）。

搜索引擎是否造成某种"恶性循环"，对此不断发展着的争论意义深远，但它不应掩盖那个更重要的问题。学术性争论专注于讨论在多大程度上网络集聚度可以归咎于搜索引擎——以及新式搜索方法是否正在让不平等稍稍变得更好或更糟。但没有哪个研究质疑以下结论，即在链接方面的那些深刻的不平等，阐明了搜索引擎的能见度和流量模式。

56

"赢家通吃" 的政治

本章主要关注了政治学者很少虑及的一类技术问题。它讨论了为什么链接密度是"网上受众占有率"的有效指标。它已表明，关于不同政治话题的那些网站群落，它们中的每一个都由一小簇高度成功的站点所支配。作为总结，我们需要提醒自己为什么这一问题至关重要。我们知道，网络给予公民们数以百万计的机会，以选择去哪儿获得政治信息。但我们**仍然不**知道的是，网络究竟在多大程度上扩展了人们实际所进行的选择。

这方面的数据缺失，使得学者和公众人物对互联网的政治影响可以作出非常不同的设想。这一章——以及接下来的三章——不太支持以下观念，即认为因特网正在启动从广播到窄播的划时代转变过程。的确，几乎任何人都可以建立一个政治性网站，但如果只是少数政治网站获得大部分访客，那么这一事实就无关痛痒。在本章所考察的那些领域中，建立一个政治性站点通常相当于只是在凌晨3：30分的公共电视台上举办一次脱口秀。

网络集聚（online concentration）的程度是如此深刻，以致它促使我们不仅重新思考环绕着因特网的那种狂热，也重新思考怀疑论的种种理由。大型站点在网络上显然举足轻重——雅虎主导着其他的门户站点，亚马逊（Amazon. com）主导着在线图书销售，易趣（eBay）主导着在线拍卖，而网络新闻则由那些熟悉的名字所主导，比如CNN和《纽约时报》。尽管如此，学者们尚且**没有**普遍认识到的是，这些"赢家通吃"的模式在网络的**每一层级**都重复着。

这些现象的广泛存在，与政治学者们对它们的解释格格不入。我们并不谴责，对于亚马逊的市场主导地位，在美国有着高比率的功能性无知（functional illiteracy）；从而使得读者轻易认为，正是公民的缺陷（civic shortcomings）在政治新闻市场中造成了集聚化。本章所研究的那些网上政治倡议群落（communities）并非由商业压力驱动，但它们当中的"赢家通吃"模式仍然很强。我们也不能将这些模式归咎于那些强大的利益集团。越来越有影响的博客社区是非商业性地发端的，并且最初与传统的政治集团也没什么联系。尽管如此，正如我们将在第六章所见，博客几乎立即就复制了网络整体上在链接与流量方面的"赢家通吃"分布模式。

这些都清楚地显示，有更加基础性的力量在起着作用——在将传统的政治模型生搬硬套于网络环境之前，政治学者们需要理解这些更加非比寻常的现象。

谷歌政体理论表明，网络的集聚化源自这一媒体的绝对规模和公民们的无能为力（inability），无论其有多少聪明才智和公民意识投诸其中。在政治学的许多领域，通常假定大多数公民对政治知之甚少，在政治信息处理中会采取捷径（drastic shortcuts）。但如果说在选票上的两个候选人之间作出选择，都需要有强烈的启发引导（heuristics），那么在数百万政治性网站中作出选择时，这类启发引导又该是多么更加极端化（more extreme）呢？此前的学术研究并没有足够重视，网络政治信息的巨大体量与公民们有限的认知资源，两者之间的这种深刻的不匹配。关于公民们如何对惊人的过量网络信息作出反应，政治学者们需要更加清楚的模型。

学者们还需要重新估量，互联网的政治潜能如何受到其结构的约束。网络的端点至端点（end to end）设计，或许不会限制公民们所访问的政治性站点，但网络的链接结构肯定会对此有所限制。如果想要评估因特网放大普通公民政治表达的能力，我们就必须首先理解那些集聚模型（patterns of concentration），这种集聚甚至在最小的维度上都支配着网络生活和网络政治。

第四章
政治性流量与搜索政治学

只要我们达到竞争对手的80%，那就足够好了。我们的用户并不真的关心搜索。

——匿名的门户网站 CEO，1998，转引自谷歌公司发展史

　　前一章讨论万维网上政治性站点的链接结构。链接结构可以提供关于互联网内容的一个显微的视野，使得我们得以调查即使是最细微的那些网络细分领域（online niches）中的富人与穷人（the haves and have‑nots）。如果我们要严肃地表明因特网是一种窄播媒体，那么这种适用于小尺度分析的方法就不可或缺。不过，第三章在政治群落中发现的那些模型，引起了和它们所能回答的一样多的问题。要理解互联网的政治影响，我们不仅需要一种显微的，也需要一种大图景的网络流量视野。我们需要将这些网站小群落中发现的赢家通吃模式，放置到合适的语境中去。

　　要评估因特网对美国政治版图（landscape）的巨大影响，我们需要回到激发起前章讨论的那类问题，但这次是在更大尺度上。人们在网上究竟去哪儿？在网络流量的广阔背景下，与政治有关的网站究竟获得多少访问量？哪些类型的公民会访问政治性站点？以及，

无论如何，政治性站点的流量来自哪里？任何地方么？

如此基础性的问题仍然未被回答，这看起来令人惊讶，但获得关于这些问题的数据也一直困难重重。因特网的去中心化本性，意味着只有大型的因特网服务提供商（ISP）和专门的互联网跟踪公司，才能获取关于网上流量模式的典型数据。这一章得以成形，是借力于智慧点击竞争情报服务公司（Hitwise Competitive Intelligence），它与大型的 ISP 合作以收集和分析因特网流量。尽管 Hitwise 所提供的订阅用户（subscribers）情况只是匿名的综合数据，但是它所分析的网络流量的范围是巨大的。到 2006 年 5 月时，Hitwise 的样本包含了 1 076 817 个英语网站的数据。[1] Hitwise 追踪从 1000 万个美国家庭流向这些站点的流量，这些家庭是作为 Hitwise 合作伙伴的 ISP 的订阅用户。因为（正如我们将要看到的）政治性网站只占到整体网络流量极微小的一部分，所以 Hitwise 的海量数据要比其他组织收集的数据更可取，后者往往建基于远远小得多的样本数量。

最关键的是，Hitwise 提供点击流（clickstream）数据，让我们得以发现——至少在总体上——在某个特定网站之前和之后，用户访问哪些站点。这一章因此考察的不仅只是每一站点产生的总流量，而且考察普通用户到达每一站点的那些路径。

不出所料，Hitwise 的点击流数据，突显了搜索引擎在将流量导向政治相关站点时的作用。每 5 个对新闻和媒体网站的访问中就有 1 个——而对政治性网站的访问中超过四分之一——直接来自搜索引擎查询（queries）。本章的后半部分进一步考察，驱使流量流向新闻

---

〔1〕 包含在 Hitwise 流量数字中的网站数量随时间变化。只有当那些站点达到某个最小流量门槛时，它们才会被列出；这意味着 Hitwise 的月数据总是要比其周数据追踪更多的网站。Hitwise 不断地更新其数据库以添加新的网站，并且它还进行定期的检查以移除落伍的站点入口。

站点与政治倡议站点的那些真实的查询（real－world queries）。如果搜索引擎在引导政治流量方面确实至关重要，那么 Hitwise 的数据表明公民们使用这些工具的方式也在一定程度上令人吃惊。

　　流量数据与查询数据，都为关于网络守门人角色的讨论添砖加瓦。像谷歌和雅虎这样的站点，究竟应当被视为强大的守门人，还是说恰恰反映着更广泛的"民主的"社会力量，这已经成为很多争论的来源。搜索引擎提供商中的市场集聚（concentration）也成为一个具体的兴趣点，有三家公司——谷歌、微软和雅虎——现在经营着所有搜索引擎查询中的 95%（Tancer 2006）。曾经还有一些人呼吁，要将谷歌调整为一种公共事业（参见例如 Thierer 和 Crews 2003）。

60　　更加多样性的搜索引擎市场，会在公民所见内容方面提供更多的多样性么？如果前一章所呈现的关于谷歌政体的论证正解，那么雅虎的搜索结果与谷歌的搜索结果之间就应该有着大量的重合。本章的最后一部分就来检验这一命题。

整体图景

　　关于网络政治的讨论所一直缺乏的所有事项中，最显著的是总体规模感（sense of scale）。在此，Hitwise 的数据就特别有所助益。在写作本书时，还没有别的数据源，从如此庞大的美国公众样本，到如此庞大的网络范围，来测量网络流量。通过对网上访问量最高的几十万个站点的流量进行分类整理，Hitwise 的数据能够提供一种亟需的全局观（sense of perspective）。

　　尽管本书附录中详尽讨论了 Hitwise 数据的优势与不足，但还是有几点在此要重复说一下。Hitwise 关于流量的基本指标是一个网站获得的"访问"数。根据行业标准，一次访问被定义为，对于一个网页或某一站点的几个网页的一次访问请求（request），点击之间的间隔不超过 30 分钟。一般来说，这样的尺度突出了那些被频繁访问但也非**过于频繁访问**的站点。一天许多次通过谷歌搜索结果浏览网页的人，若其点击之间从不超过 29 分钟，将会仅被记录为单次访问。一个站点获得的访问数，对于测算其在公众的媒介使用中的相对重要性来说，是比其他的例如"受众到达率（audience reach）"这样的指标更好的指标，后者是测量在给定的时间窗口中，至少访问一次某站点的网民比例。

图 4.1 使用了来自 2007 年 3 月的 Hitwise 流量数据。形象化地展示出，相较于其他的在线内容，新闻站点与政治性站点的重要程度——或者说不重要的程度外圈代表因特网流量的总容量，内部的那些小圈表示流向特定网络使用范畴的流量。图形是成比例的：每一圆圈的大小对应于每一范畴所获得的流量。

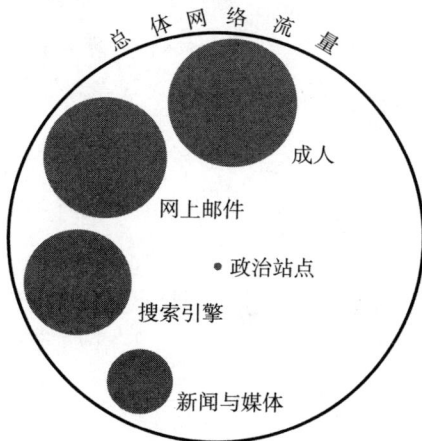

图 4.1

这张图显示不同内容范畴的网站所获得的相对流量。成人站点获得超过 10 个百分点的网络访问，而政治性站点只获得略高于 0.1 的百分比。

　　总体而言，大约 10.5% 的网络流量去了成人或色情网站。一个略小些的部分（9.6%）去了邮件服务，比如雅虎邮件或者 Hotmail；7.2% 的流量去了搜索引擎；而只有 2.9% 的网络流量去了新闻和媒体站点。关于公民们在赛博空间优先关注的事项，仅这些事实就已告诉我们很多。

　　图 4.1 中心的小圆圈表示流向政治性网站的 0.12% 的网络流量。

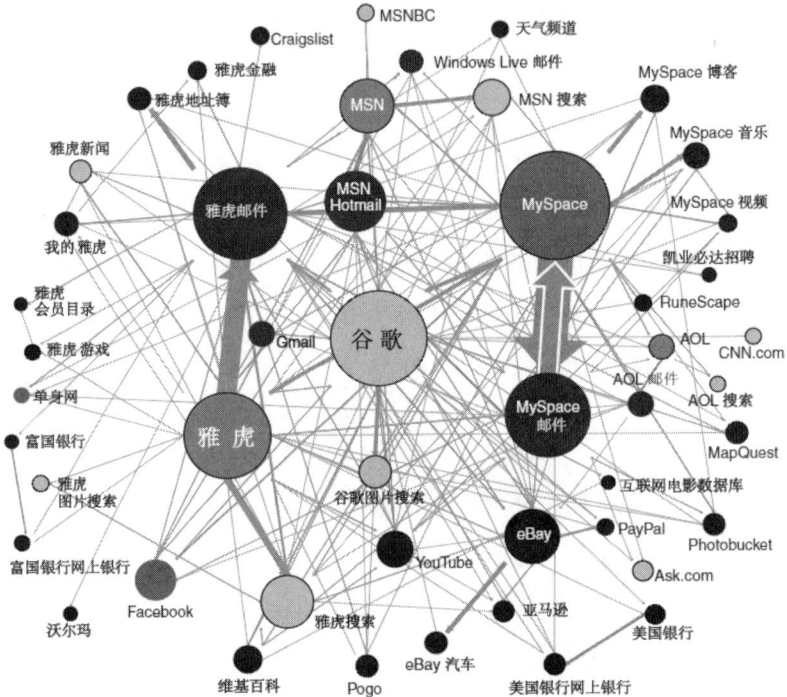

图 4.2

　　这张图绘制了互联网前 50 名网站之间的流量关系，所根据的是 Hitwise 2007 年 5 月的数据。除了其他方面之外，这个图形还显示了前 10 名网站与这 50 名中剩下的其他网站之间在流量方面的巨大不平等。

这个点数非常低，以至于人们可能会猜测，哪些重要站点被从这一范畴中遗漏了。然而（后面的图形还会显示）进一步的考察发现，该范畴内的成员资格没有明显的缺陷。政治性站点在其专业领域（niche）中的相对排名符合我们的预测；这一群落自身只是因特网整体大饼的一个薄薄的切片，它远比许多人所想象的还要小。

图 4.2 呈现出关于因特网流量的一个更加复杂的图景，至少就排名靠前的站点而言。这幅图不再考察内容范畴，而是前 50 个访问量最大的网站（省略了成人站点）之间的流量关系图。如上所示，通向一个站点的流量和这个站点的面积成正比；站点之间线条的宽度与访问站点 A 之后马上访问站点 B 的用户数量成正比。由于 Hitwise 获取的是因特网服务提供商（ISP）的数据，所以这并不必然意味着用户是追踪着两个站点之间的一个直接链接；他们也可以是使用了一个浏览器书签或者是键入了一个 URL 地址。那些箭头则提示了流量的方向。为了对总体规模有感觉，需要指出，图形中最受欢迎的站点 Myspace，占到了所有非成人网络流量的 6.3%；谷歌吸引了另外的 4.8%。在 Myspace 与 Myspace 邮件之间的流量，也就是图上最宽的线条，代表了所有非成人流量中的 2.5%。

第五章会详细考察网络集聚化（online concentration）问题，并为比较网络集聚化与传统媒体的集聚化提供度量标准。而在此应该指出，这一小簇站点获得网络流量中极其不成比例的巨大份额。加在一起，这前 50 个站点——来自 Hitwise 所追踪的 773 000 个站点——在 2007 年 5 月 12 日这一周，即这些数据被收集的时候，获得了网络流量的 41%。即使这一数字靠不住，那么也可看出，前 7 或前 8 名网站与前 50 名网站中剩下的其他网站之间，在流量方面有着巨大不平等。所列出的每一个站点，都从前 10 名网站中的至少一个站点获得其流量的一个相当大的部分。正如我们所料，在谷歌、雅虎和 Myspace 品牌的那些站点之间，有着大量的流量共享。

这前 50 名网站中没有政治性站点。如果将图形扩充到包含 Hitwise 数据中的前 100 名站点——或者甚至前 500 名站点——仍然没有任何一家政治性网站有资格列入。2007 年 4 月，赫芬顿邮报（HuffingtonPost. com）与自由共和国（FreeRepublic. com）是最受欢迎的政治性站点。赫芬顿邮报在所有非成人网站中排名 796 位，而自由共和国排名 871 位。

图 4.3 进行了一种相似的分析，这次观察的是在 Hitwise 新闻与媒体范畴下的前 50 名站点的流量。Hitwise 将这一范畴描述为包括"杂志与报纸网站，以及计算机与 IT 行业新闻网站"；各大广播公司的网站仍然出类拔萃，它们包括天气频道、CNN、MSNBC 和 BBC 这些站点。在此同样，站点的尺寸与其所获得的流量成正比，而线条宽度与交通流（traffic flow）成正比。

这里的结果，与在作为整体的因特网那里的结果有些不一样。最大和最小的那些站点之间的不平等，不如前一幅图那么极端，且最大的那些站点在流量引导模式中并未发挥那么大作用。新闻站点更像是一个终点站，而不是通向网络其余部分的途径；这些站点中有许多是从前一幅图形中的那些顶级站点处获得了其大部分的流量。总体而言，公民们在网上和网下看起来是从同样的一些信息源获得他们的政治信息；即使是纯粹的网络媒体（Web－only outlets），例如雅虎新闻、谷歌新闻或者德拉吉报道（Drudge Report），也几乎完全依赖于通讯社和其他传统新闻机构。当然，网上的新闻市场并不是对传统媒体的完美复制。

与流向其他在线内容范畴的流量规模相比较，政治性站点的流

量太小，因此可以忽略不计。正如我们所见，有些人盼望这或许是　64
一件好事——在那些关注政治的站点中，流量会足够集聚化，以凸
显最优质的内容，但同时也足以传播出去赋予普通公民以力量。

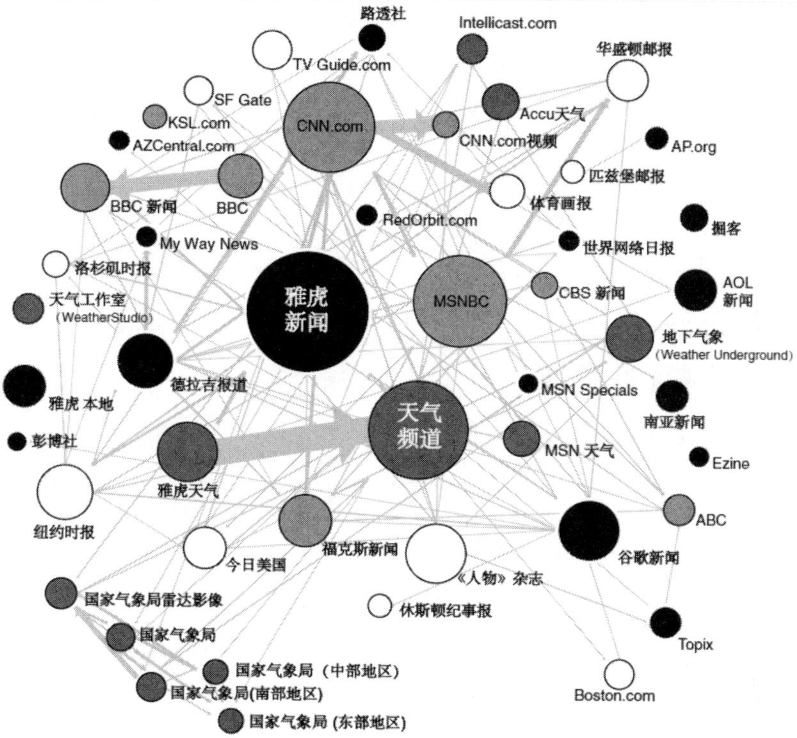

图 4.3

这张图绘制了 Hitwise 新闻与媒体范畴下前 50 名新闻与媒体网站之间的流量
关系，数据截至 2007 年 5 月 12 日。纸媒运营的网站为白色，广播公司运营的网
站为浅灰，气象类网站为深灰，纯粹的网络媒体站点则为黑色。

但在这些数据中很难找出对这类盼望的支持；政治性流量的小
体积并不意味着这一流量就是平等地被分配。图 4.4 绘制了政治性

网站之间的流量关系。Hitwise 将政治性网站界定为那些 "属于特定的政治党团或组织的站点,以及那些致力于对于本地和国际政治问题表达观点的站点"。此处的图形包含了前 50 名的政治性网站——它们总共获得这一范畴下 60% 的流量。对于政治性站点而言,我们不仅关注人气站点和普通站点(also – rans)之间的鸿沟,而且也关注那些最受欢迎表达渠道(outlets)的相对受众份额。所列出的最具人气政治站点包括许多预料之中的名字:网上论坛例如自由共和国(Freerepublic. com)、优秀倡议团体例如 Moveon. org,当然还有受欢迎的政治博客站点例如每日科斯(Daily Kos)或者因斯特庞迪(Instapundit)。第六章会进一步考察博客与博客排名。根据 Hiitwise 报告,顶级政治博客在流量方面的排名,和基于它们所获得的链入链接数或者其他什么流量指标进行的博客排名,几乎是一致的。

关于网络公共空间的诸多探讨,总是认为政治博客、倡议组织(advocacy organizations)和其他非商业性表达渠道将会挑战商业媒体对于公共话语的垄断。根据流量来看,这种挑战似乎并没有什么强劲之处。新闻与媒体站点仍然获得着相当于政治性网站 30 倍的访问数。如果根据传统意见杂志的标准,例如《国家》(Nation)、《新共和》(New Republic)或《国家评论》(National Review)这些小众印刷出版物,那么政治性站点这样的读者规模已然较大,然而它们仍然只是大型网站夹缝之中的一个很小的细分领域(niche)。

第二章曾提出,相较于保守派,自由派是更活跃的网站用户,这里的数据与那里的结论一致。整体而言,自由派站点的访问数以 2 比 1 的幅度超越保守派站点的访问数。

政治性站点,的确显示出强烈的自由与保守的派系纷争。图 4.4 中政治性站点和它们的意识形态盟友们明显分享着更多的流量,这些数据也为网络回音室理论（claims of online echo chambers，参见例如 Sunstein 2001）提供了某种支持。在前50名政治网站之间的相互流量中，总计只有2.6%的流量跨越了意识形态界线。[2] 不过，50名网站中的12个，其流量中有着不容忽视的部分，仍然来自或者流向了对立面。

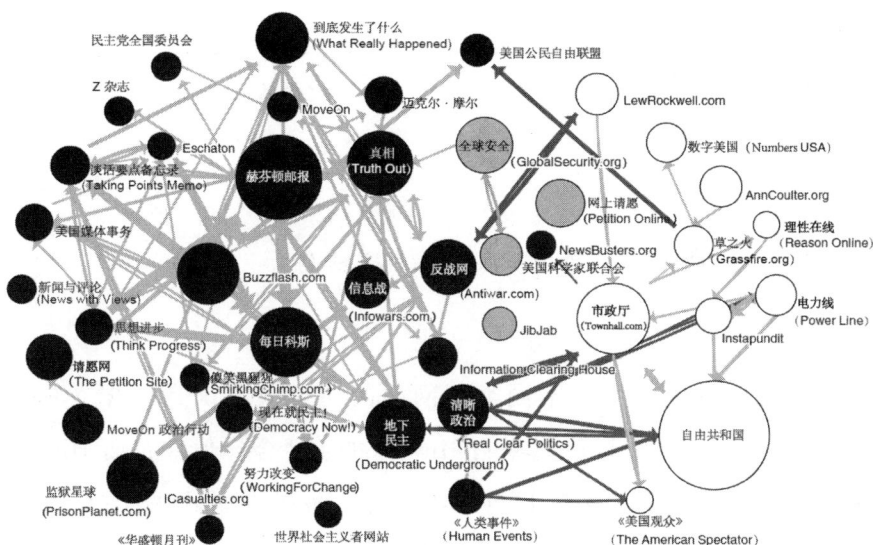

图4.4

这张图绘制了前50名政治性网站之间的流量关系，数据截至2006年5月。自由或民主党倾向的站点为黑色；保守或共和党倾向的站点为白色；自称为中立或无党派的站点为灰色。

---

〔2〕 请注意，由于 Hitwise 数据的局限，只有超过某个最低门槛的流量分享才会被测量：在此，至少得是相当于该群落最受欢迎站点（在收集这些数据的那个月份中即自由共和国网站）向外流量的0.01%的那种流量。任何低于这一水平的流量分享，都会被排斥在分析之外。

表 4.1　基于家庭收入的网络流量

单位：美元

	3 万以下	3~6 万	6~10 万	10~15 万	15 万以上
所有网站	24%	28%	26%	14%	8%
新闻与媒体站点	23%	27%	26%	15%	8%
政治站点	23%	27%	30%	13%	6%

这张表根据家庭收入来划分网站流量。新闻媒体站点与政治站点的访客，再现了整体网络流量的收入分布状况。

流量的人群统计特征

Hitwise 也提供这些不同类型网站的访客人群统计数据（demographic data）。前述流量信息来自 Hitwise 的 ISP 合作伙伴，而 Hitwise 的人群统计信息则大多来自将这流量与一种可选"超级面板（mega panel）"[3] 相匹配的结果，后者包含了 Hitwise 的 1000 万美国用户中某个有着 250 万受访者（subjects）的子集（再次提醒，关于 Hitwise 方法的更多细节可在附录中找到）。这些可选面板——如同其他形式的调查数据一样——也许会受制于某些偏好，因为那些同意参与调查的人也许并不能完全代表广大的网络人群。尽管 Hitwise 的可选面板方法（opt‑in methodology）已由一些独立审计员检查过，但关于它究竟是如何运作的，其中一些细节仍然不得而知。不过，在我们的兴趣范围

---

〔3〕 此处及本书附录中所提及的可选面板（opt‑in panel），应该是一种类似弹出窗口或悬浮窗口的网页插件，用户可以自主选择是否安装或打开这一插件以参与信息收集，进而在该面板中提交自己的姓名、邮件地址等个人信息。——译者注

内，就刻画流量的人群统计特征而言，Hitwise 的面板数据仍然会发挥良好作用。

Hitwise 人群统计数据的一个令人好奇之处，倒在于它究竟**没法**揭示出什么现象。表 4.1 根据家庭收入来划分网络流量。前面讨论过的同样的三类网络用途也在此呈现：所有非成人的网络流量、新闻与媒体站点流量、政治性站点的流量。这些数字展现了不同收入水平的家庭的站点访问比例。

在每一项目下，由收入造成的使用差距都不是太大。新闻媒体站点的访客与政治站点的访客，与作为整体的网络用户，显示出几乎同样的收入分布。

但在年龄和性别方面，网络使用方面的差距就是引人注目的（见表 4.2）。就网络整体而言，Hitwise 样本显示，女性比男性占据着略多的网络流量。但男性比女性创造着远远更多的流向新闻与政治性站点的流量。网络新闻的流量中有 12 个百分点的性别鸿沟，而在政治性站点的访问中，男性多出 18 个百分点。网络使用方面整体性的 68 平等，并没有反映在对网络新闻与网络政治的使用中。

表 4.2　网站访客的年龄与性别

	男性	18 ~ 24	25 ~ 34	35 ~ 44	45 ~ 54	55 +
所有网站	49%	20%	23%	23%	19%	16%
新闻与媒体站点	56%	12%	20%	22%	20%	26%
政治站点	59%	9%	13%	20%	25%	32%

这张表显示，2007 年 5 月 19 日之前的 4 个星期内，站点访客的年龄与性别比例。在新闻与政治的受众构成中，男性远远多于女性。年龄方面的差距更大，大龄网络用户在新闻与政治流量中占据了大部分。

这些数据中的年龄差异也是醒目的，它们为以下这类媒体报道提供着现实的检验，即媒体一再将网络政治描述为一种青年现象。尽管在普通的网络使用方面青年公民占多数，但在网络政治方面却不是如此。18~34岁的用户占到了整体网站流量的43%，但是在对新闻站点的访问中他们只占32%，而在对政治性站点的访问中只占22%。反过来也是正确的：尽管45岁及以上的用户只占到整体网络使用的35%，但他们创造了新闻与媒体站点流量的46%，政治性站点流量的57%。近20年来的社会科学研究记录了青年人政治参与（political engagement）的衰落（参见例如Macedo等人，2005）。这里的这些数据表明，因特网并不是对青年人政治淡漠问题的简单解决方案。

搜索引擎与用户精明度（的缺乏）

绘制出网络流量的充分模式，正如本章开头所见的那样，凸显了一个意料之中的事实：网上的许多流量由搜索引擎所引导。指向新闻与政治站点的流量也不例外。为了理解公民是如何到达与政治相关的那些网站的，我们需要更仔细地考察搜索引擎所发挥的作用。

近来，对搜索引擎的研究强调了两个中心要点。首先，网民中的大多数都使用过搜索引擎。2005年初，皮尤互联网和美国生活项目（Pew Internet and American Life Project）发现，84%的网络用户曾至少有一次使用过搜索引擎；这一研究显示，在任何一天，他们中有56%的人在线使用搜索引擎来检索内容（Fallows 2005）。搜索引擎已被广泛应用，但离普遍使用还较远。

不过，绝大多数使用这些工具的用户交互行为（user interaction）

都还不够娴熟精明（unsophisticated）。皮尤报告关于用户"不聪明和不成熟"的结论，与其他的研究相一致，特别是与对数字鸿沟的学术研究相一致，后者关注有效使用网络所需要的技能与社会支持。在这些研究成果中，一部分最成体系的证据来自艾思特·哈吉坦（Esz-ter Hargittai）的工作，他在实验室环境中处理了巨大的、具有代表性的因特网用户样本。哈吉坦指出，很多因特网用户不能完成简单的在线任务；让受访者去找到某个政治候选人的网站，属于最棘手的挑战之一（Hargittai 2003）。

用户精明度（sophistication）的缺乏，在用户所采用的搜索类型方面有着具体含义。许多人声称他们的搜索词通常短小并且高度概括，大多数的搜索只使用一两个词语（Silverstein 等，1998；Jansen 等 1998；Morahan – Martin 2004）。娴熟精明的搜索技术——比如引号、圆括号，以及布尔逻辑算子例如"并且"或"或者"——只在一小部分的搜索中被采用。

其次，这项研究指出，搜索引擎第一页的结果尤为重要。在某个早期的探讨中，克雷格·西尔弗斯坦（Craig Silverstein）和他的同事们分析了包含在 Alta Vista[4] 日志文件中的大约十亿个搜索请求——代表 2.85 亿个用户会话（user sessions）。他们发现 85％ 的用户只看第一页的搜索结果，并且用户很少修改他们最初的搜索请求（Silverstein 等 1998；也可参见 Spink 等人，2002；Jansen 等人 1998）。关于用户如何找到医疗健康信息的那些商业实用性（commercial usability）研究，也重复了这样的结论（Nielsen 1999；Morahan – Martin 2004）。更晚近的研究发

〔4〕 第一代全球知名的搜索引擎，1995 年由迪吉多公司（Digital Equipment Corpora-tion）创立，2003 年卖给雅虎，2013 年 7 月 8 日雅虎关闭了这一搜索引擎服务。——译者注

现，随着搜索引擎的不断改进，用户查看的搜索结果页的数量越来越少（Jansen 和 Spink 2006）。

美国在线（AOL）2006 年 8 月公布的来自 657 426 个用户的搜索数据，使得上述发现更具说服力（Pass，Chowdhury 和 Trogeson 2006）。这一数据由随机抽取的来自 2006 年 3 ~ 5 月的用户会话组成，它显示总点击中的 90% 去了搜索结果第一页上的那些站点。更令人震惊的是，74% 的点击指向了排在前 5 位的搜索结果；而搜索结果中排名第一的站点就独自获得了总点击数的 42%。

70　　这两方面的论题，对于我们重新理解搜索引擎至关重要。但与此同时，此前的研究也更加表明，我们还有许多需要学习。将用户安置在实验室环境中并且指派他们去完成某些任务，这或许可以显示他们能够胜任什么，但却不能告诉我们用户按他们自己的意愿主动搜索着什么。用户可能依赖于短小、概括性的搜索词，但我们仍然想了解他们究竟使用了**哪种**搜索词。什么类型的搜索会将用户导向政治性网站？

本章所用的 Hitwise 数据借助范畴和子范畴来对网站分类。例如《纽约时报》的网站，既处于"新闻与媒体"范畴下，也处于"新闻与媒体——印刷类"子范畴之下。这种分类并不是排他性的。著名政治博客网站每日科斯（DailyKos. com）的流量，同时属于"生活方式——博客与个人网站"和"生活方式——政治"子范畴。点击流的数据使得 Hitwise 能记录什么样的搜索词将公民既带至个人网站，也带至那些更宽泛的网络内容范畴与子范畴。

对于政治学而言，我们对指向以下两类网站的那些搜索流量特别感兴趣。首先，我们想要理解，搜索引擎在将公民引导向新闻类内容时所发挥的作用。如果确实存在着公民们普遍的政治冷漠，那么那些将公民带至新闻类站点的搜索关键词中，就很少有几个在本质上是政治性的。我考察了公民们在访问新闻网站之前的那一刻，所搜索的位于前列的 990 个词条。这些数据是在 2005 年 11 月的第一周内收集的。

其次，或者说更重要的在于，我们想要了解搜索引擎与那些显著的政治性网站之间的交互作用。这样的网站从搜索引擎那里直接获得多少流量？公民们搜索政治信息时使用什么类型的短语？某些类型的搜索词处于支配地位么？为了回答这些问题，我考察了在 2005 年 11 月第一周内将用户带至政治性站点的 1020 个最常用搜索。

用户搜索什么

与新闻相关的搜索词

我们首先考察与新闻相关的搜索词。根据 Hitwise 的数据，所有新闻站点的访问量中有 19.5% 直接来自搜索引擎；另外有 16.5% 的流量直接来自门户网站首页（例如雅虎）。

表 4.3　将用户带向新闻与媒体站点的前 20 个搜索词　71

排名	搜索词	占比
1	天气	0.42%
2	威尔玛飓风	0.26%
3	cnn	0.22%
4	新闻	0.15%

排名	搜索词	占比
5	消费者报告	0.15%
6	珍妮·杰克逊	0.13%
7	德拉吉报道	0.13%
8	电视指南	0.13%
9	纽约时报	0.12%
10	Myspace 布局	0.11%
11	bbc	0.11%
12	cnn. com	0.11%
13	玛莎·斯图尔特	0.10%
14	强力球〔5〕	0.09%
15	今日美国	0.09%
16	msnbc	0.09%
17	罗莎·帕克斯	0.09%
18	德拉吉	0.08%
19	福克斯新闻	0.08%
20	禽流感	0.07%

　　这张表显示了 2005 年 11 月 7 日这一周内将用户带至新闻与媒体站点的前 20 个搜索词，所根据的是 Hitwise 数据。

　　表 4.3 呈现出，在 2005 年 11 月 7 日这一周内，将用户带至新闻类网站的前 20 个搜索词。从这张列表来看，有几样事情是显而易见

---

　　〔5〕 强力球（Powerball），为美国的一种全国性彩票。——译者注

的。我们可能会认为，新闻时事会影响公民们的搜索词条，这张列表正好支持这样的假定。2005 年 10 月底和 11 月初的许多事件——例如威尔玛飓风（Wilma）登陆、罗莎·帕克斯（Rosa Parks）之死，以及对禽流感的关注——都反映在这张列表中。

其次，没有哪个搜索词在所有新闻搜索中占比超过 0.4%。这一事实本身就是令人惊诧的。前一章我们曾发现，政治性网站群落中的高度集聚化链接模式。在本章的第一部分我们同样发现，更充分的流量模式，要比我们借助这些搜索词所见到的集聚化高出一个数量级。 72

这些数据显示，搜索词的巨大多样性并没有导致网络交通流量同样的多样性。为什么？原因之一在于，两个不同的搜索词可能会将公民引导到同一信息源。在雅虎或谷歌上搜索"cnn"、"有线电视新闻网"或者只是简单的"新闻"词项，所返回的结果中 CNN.com都会位列第一。少数大型站点，例如雅虎或维基百科，它们提供不计其数的涉及不同话题的百科信息，但情况也是同样如此。这样一个假说与以下证据相一致，亦即网站的规模也是按幂律分布的；少数站点拥有几十万甚至几百万的页面，而大多数站点只拥有少数几个内容页（参见例如 Barabási 和 Albert 1999；Adamic 和 Huberman 2000）。

最有意思的发现或许来自对这些搜索词的一个定性分析。为了更好地理解公民们在搜索什么，这 990 个新闻搜索词的每一个，再进一步由人类程序员进行分类。首先程序员被要求确认，是否该搜索词是在搜索一个具体的网站、新闻机构或者信息源（information out-lets）。对"德拉吉报道"、"电视指南"、"雅虎新闻"或"cnn"的搜索，被认为是对具体站点的搜索。

其次，程序员被要求确认是否该搜索词是政治性的。如果该搜索关注的是一个当下的政治议题或政治新闻事件，它就被认为是一种政治性搜索。搜索那些主要关心政治的站点——而不是那些普通新闻机构或者关注非政治类话题的特殊媒体——也被视为政治性搜索。

3 位程序员独立地进行判断。至于什么样的内容能被归为政治性内容，判断的规则对此设置得高度宽容。对于那些具备潜在政治维度的一般性议题——例如"飓风"或"越南"——的搜索词，也会被给予善意解释从而被看作是政治性的。尽管有着主观性因素，但是任意两个程序员之间的一致性要高于95%。程序员之间相互不一致的情形，将根据多数原则来裁决。

很多学者曾推论，技能的缺乏限制了公民们的网络活动，而许多搜索词也的确显示了用户精明度的一种缺乏。正如表 4.4 所示，最常见的搜索词都是短小的。搜索引擎基于所包含的词项数目来处理搜索词，自动以空格区分词项——例如，"new york times（纽约时报）"就被视为一个 3 个词项的搜索词。在我们的样本中，96% 的对新闻与媒体站点的搜索请求，使用的是 3 个或者更少的词项。

表 4.4　新闻与政治类搜索请求中的词项数目

词项数	新闻	政治
1	35%	26%
2	44%	43%
3	17%	19%
4	3%	7%
5 +	<1%	6%

这张表显示了搜索请求中的词项数目，这些搜索词将用户带至新闻与媒体网站以及政治性网站。这个图表基于 Hitwise 2005 年 11 月的数据。

　　我们的新闻搜索样本中只包含少量的错误拼写词；这些错误拼写，当然不可能最终出现在最常用搜索词列表中。此外令人惊讶的是，大量最常见搜索词实际上就是 URL 地址，例如"cnn.com"。这990 个搜索词中有 119 个——占到 12%——包含了一个".com"或".org"之类的 URL 后缀。在雅虎或谷歌输入"cnn.com"将会找到这一站点，但这样的搜索请求确实也表明可能的用户混淆。还有一些常见搜索词漏掉了空格，例如"usatoday（今日美国）"，这表示用户可能当时考虑的是 URL 地址。

　　直接搜索 URL 地址的公民之数量，是某种更宽泛现象的一部分。这些数据中的大多数新闻搜索**并不**针对时政事件或者感兴趣的主题。相反，很大一部分的搜索词，包含了具体的新闻媒体或具体网站的名称。总计 990 个搜索中有 595 个——占到五分之三——都是对具体的网站或在线新闻媒体的搜索。简而言之，大多数的搜索都表明公民们在查找他们已经熟悉的新闻机构。

　　公民在政治和政治新闻的范围内会搜索什么样的内容，学者们很少提供清晰和具体的预判。然而他们的一个共同假定是，公民们会出于对某个政治话题的兴趣，在搜索引擎中输入关于这个话题的搜索词。尽管很多新闻流量的确直接来自搜索引擎，但与新闻相关的搜索却显示出另一种模式：公民并不是在搜索话题，而是在搜索已知的信息源。

　　常用新闻相关搜索词的列表，印证了以下断言，即很少有公民[74]主动去搜索政治信息。尽管程序员的判别是极其包容的，但是 990个搜索中只有 69 个——占到 7%——被判定为政治性搜索。用受欢迎程度（popularity）来衡量这些搜索词，也产生同样的结果，政治性搜索只占到样本中搜索流量的 7%。那 69 个搜索词中有 44 个——大约占五分之三——是对政治议题的搜索请求；另外有 18 个搜索词——大约占四分之一——搜索的则是政治人物。与政治相关的新闻搜索词数量还太小，因而无法得出概括结论。尽管如此下述说法仍然是确定的：政治性相关搜索，只是将公民带向新闻类站点的那些搜索中的很小一部分。

政治性搜索

如前所见，相比于新闻类网站，那些明显政治性的网站只占到网络总体的极小一部分——只占非成人类网络流量的 0.13%，或者大概 750 次站点访问中的 1 次。相比于引导公民去访问一般新闻类站点，搜索引擎在帮助公民找到政治性内容方面，要更加至关重要。根据 Hitwise 数据，政治性网站作为一个类别，在 2005 年 11 月其流量的 26.2% 直接获自搜索引擎。这一数字当然不包括这种网上冲浪者——他们最初是利用搜索引擎找到了某个站点，后来回访时则是借助书签、所存储的浏览器历史记录，或者仅仅是由于记住了 URL 地址。由搜索引擎贡献更多流量的那些站点，很容易被找到。前一章中，我曾提及堕胎真相网（AbortionFacts. com）——这个网站（到本书写作时为止）多年来一直是在谷歌搜索"堕胎"时名列首位的结果，目前在雅虎也是名列第二。根据 Hitwise 2005 年 12 月的数据，堕胎真相网 80% 的流量直接来自搜索引擎。

相应地，这一样本中越是低流量的那些站点，越是有更多的流量来自搜索引擎推荐。2005 年 10 月，前 20 名政治性网站的访问量平均有 18% 来自搜索引擎。与之相对照，排名 101 到 120 的那些站点，其访客中有 43% 是通过搜索引擎推荐而来。[6]

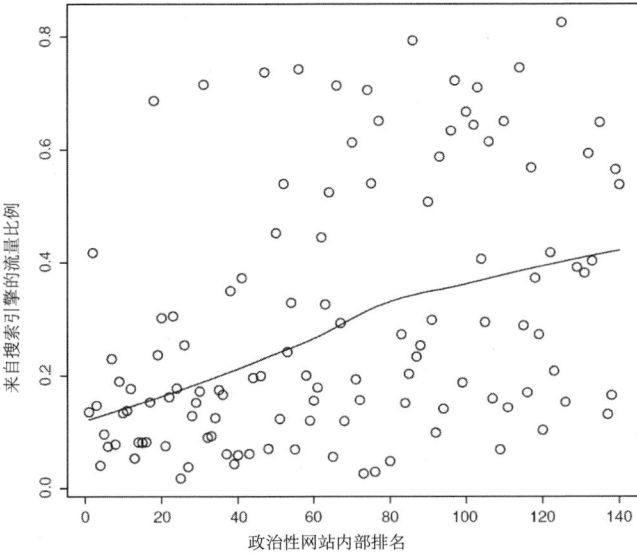

图 4.5

　　这张图就政治性网站的排名相对于其来自搜索引擎的流量比例，绘出了曲线。一条 LOWESS[7] 局部回归线被涂在了数据上。

　　我们还能可视化地展示搜索引擎对于小网站而言的巨大重要性。图 4.5 就政治范畴下的站点排名，相对于它们从搜索引擎推荐所获得的访问量比例，绘出曲线。尽管单个网站所获得的流量有着巨大的变化范围，但这个图形还是表明，越是不那么大众化的站点就越是依赖于搜索性流量。一条局部回归线（local regression line）涂在图形上，它显示出，当我们沿着政治性站点的排名下降趋势移动时，所

　　[6]　标准 t - 检验（t - test）显示，这两组站点之间，在获得流量的途径方面的差异是非常显著的，所产生的 t 值（t - value）为 4.12。
　　[7]　局部加权回归散点平滑法（locally weighted scatterplot smoothing，LOWESS 或 LO-ESS），是查看二维变量之间关系的一种工具，以拟合数据的关系曲线。——译者注

期待的来自搜索引擎的流量会如何增长。

政治性搜索似乎比新闻性搜索更加集聚化，尽管我们样本中只有较小数目的政治性网站可能有助于这一发现。在所研究的那个星期内，Hitwise 追踪了 518 个受欢迎的政治性网站的流量。在将用户引导到政治性网站的所有搜索中，1020 个最常用的搜索词条占到了19%。表 4.5 列出了 20 个最常见的搜索。利用人工编码，将这些搜索请求归入五个范畴：

76

表 4.5 将用户带向政治性网站的前 20 个搜索词

排名	搜索词	占比
1	堕胎	0.41%
2	jibjab	0.25%
3	迈克尔·摩尔	0.23%
4	越南战争	0.21%
5	jib jab	0.21%
6	Antiwar. com	0.20%
7	aclu	0.18%
8	ann coulter	0.18%
9	死刑	0.14%
10	jibjab. com	0.14%
11	自由共和国[8]	0.13%
12	信息战	0.13%

---

〔8〕 "free republic"，但用户搜索的应该是 "Free Republic"。这张表所列搜索词的翻译可参考前面图 4.4 的中英文对照；带域名后缀的词条未作翻译，下文会指出这是一种具有特殊意义的现象。——译者注

排名	搜索词	占比
13	赫芬顿邮报	0.13%
14	生物柴油	0.12%
15	失败	0.12%
16	赫芬顿	0.11%
17	truthout. org	0.11%
18	huffingtonpost. com	0.11%
19	现在就民主	0.11%
20	美国观众	0.11%

这张表显示了将用户带至政治性网站的前20个搜索词，根据2005年11月7日来自 Hitwise 的数据。

（1）关于政治议题的搜索

（2）称呼具体网站或网络媒体名称的搜索

（3）对政治组织机构的搜索

（4）对政治人物的搜索

（5）混杂的搜索

这种判别是排他性的，每一词条只被置入这五个范畴之一。若某搜索词可被认为属于不只一个的范畴，那么会优先考虑用户可能的最初意图。例如，搜索"迈克尔·摩尔（Michael Moore）"，被认为是在搜索政治人物，但搜索"michaelmoore. com"就被视为是在搜索一个具体站点。程序员之间彼此的一致性很高；3个程序员之间两两相较，在每一情形下其一致性都超过90%。

当然，政治性的搜索词条不必去和那些搜索天气预报或电视节目表的搜索词相比较。此处最大的范畴由对政治议题的搜索词构成，接近一半的搜索——1020 个搜索词中的 487 个——被归类为议题搜索。但是用受欢迎程度（popularity）来衡量的话，议题搜索词相应地就不那么重要了，它们带来了所涉流量中的 39%。

正如在政治新闻搜索那里一样，很大一部分政治性搜索并不是针对议题，而是针对具体媒体。有 15% 的搜索——1020 个搜索词中的 154 个——是在搜索特定的网站。尽管如此，名列前 20 位的搜索词表明，这一类搜索却是比例较大地颇受欢迎，它带来了我们样本中 27% 的搜索流量。此处很多搜索词再次包含了 URL 地址信息；43 个搜索包含了".com"，17 个包含了".org"。

在搜索具体网站的那些人之外，有 13% 的搜索词和 12% 的相应流量涉及了对具体政治组织机构的搜索。大多数情况下，政治组织的官方网站在雅虎和谷歌都是名列第一的搜索结果。

这些搜索词中另一个常见主题是对政治人物的搜索。它们通常只是由某个政府官员或公众人物的名字或者姓氏构成，这 190 个与人物相关的搜索在流量上达到总搜索的 17%。

最后，5% 的搜索（54 个搜索词）落入了混杂搜索的范畴。这一组包括那些无法清晰归入其他范畴的搜索词。混杂搜索中最大的组成因素是那些"成人的"或者性趣味明显的搜索；54 个混杂搜索词中有 25 个契合这一描述。这一范畴中只有很少的搜索词与政治有着某些显著联系。

因此，对于政治性搜索而言，正如与新闻相关的搜索一样，很大一部分用户并不是在搜寻感兴趣的话题，而是在搜寻已知的信息源。总体上，就流量而言，大约五分之二的搜索词是在搜索具体的网站或者具体的组织机构。这些搜索当然不太可能将公民们带至新的信息源或者政治观点不一致的站点。

搜索引擎一致性

这些搜索词数据标识出了用户搜索行为方面某种未曾预料的模式。但是最终，我们不仅想要了解公民们在搜索什么，而且想要了解这些搜索词与最受欢迎的那些搜索工具之间的交互影响。"谷歌政体"的假设，预言由现代搜索引擎提供的那些搜索结果之间应当有着大量的重合。雅虎和谷歌尤其值得关注，它们一起处理着超过五分之四的全美搜索请求（参见 Tancer 2006）。就政治性内容而言，公民们使用哪一搜索引擎，这究竟有多重要呢？搜索引擎之间的一致性，对某些搜索词而言要比其他搜索词更高么？

回答这些问题的最简便方法在于，将这 1020 个政治性搜索词输入雅虎与谷歌，并且计算它们之间的一致性水平。为此目的，我们采用了一个简单的方法。首先，一个小型程序（由西格雷克斯软件公司慷慨提供）被用来将这些搜索词中的每一个输入雅虎和谷歌，然后去解析列出雅虎与谷歌搜索结果的那些 HTML 网页。由于大多数的搜索并不会浏览超过第一页的搜索结果，因此我们只分析了前10 个结果（这是雅虎和谷歌首页搜索结果的默认数量）。赞助商链接（sponsored links）——例如目标式广告（targeted advertising）或者指向雅虎与谷歌内部页面的链接——被忽略。

其次，一个 Perl 脚本被用来比较雅虎与谷歌搜索结果之间的一致性。既出于理论上也出于实践上的原因，这一比较是在网站域名的层次进行，而不是在所返回的具体页面的层次。因为，对媒体多样性的兴趣，关注的是向公民敞开的媒体源的数量，而不是他们所见到的具体新闻文章或广播节目。在这一语境下，大型网站的域名（例如 NYTimes. com 或者 NationalReview. com）就最接近地相当于传统上的媒体源（例如《纽约时报》或《国家评论》的印刷版）。此外，如果谷歌的首位搜索结果是"www. example. com"，而雅虎的首位结果是"www. example. com/index. htm"，那么那种基于页面的比较就会错过这样的事实，即这两个 URL 地址指向同一个网页。[9]

79

表 4.6 不同类型的政治性搜索在雅虎与谷歌之间的一致性

范畴	流量占比	首位结果	前五位	前十位
政治议题	39%	42%	61%	47%
具体站点	27%	100%	–	–
政治人物	17%	66%	65%	46%
政治组织机构	12%	90%	73%	55%
混杂	5%	37%	53%	41%

这张表显示，就不同范畴的政治性搜索而言，雅虎和谷歌之间的一致性。

比较 URL 地址文本的方法也有局限性。搜索"堕胎"时，雅虎和谷歌都将全国堕胎权利联盟（NARAL）显示在靠近搜索结果顶端的位置。但是 NARAL 网站使用两个不同的 URL 地址；雅虎将这个网站地址收录为 ProChoiceAmerica. org，而谷歌则将用户指向NARAL. org。虽然一些特殊的例子（包括 NARAL 这个例子）由人工作

———————————

〔9〕 Hitwise 数据的一个核心优势在于，Hitwise 的技术能够侦测自动重定向（redirec-tion，即将网络请求重新定个方向转向其他位置——译者注）和相同的站点内容，因此能够规避这一难题。

了修正，但是基于文本的比较可能会因此低估了真实的一致性水平。

尽管如此，这一方法还是能帮助我们理解在多大程度上——以及在哪些方面——这两个最流行的搜索引擎相互一致。表 4.6 展示了这一分析的结果。针对 5 个范畴的每一个，它都显示了雅虎和谷歌在首位站点、前五位站点和前十位站点方面的一致性。

这些指标中的哪一个最为重要，可能要依赖于所考虑的具体范畴。就搜索具体站点和搜索具体的政治组织机构而言，公民似乎是要搜寻某个特定的在线表达渠道（outlet）。因此关于首位站点的一致性，将会是最关键的指标。对于包含着某个具体政治组织名称的搜索，雅虎和谷歌的首位结果目前 90% 是一致的。对于具体站点的搜索，搜索引擎之间的一致性要更高。在每一案例中——在关于具体站点的搜索范畴下 100% 的搜索词——雅虎和谷歌的首位结果都是一致的。对于那些包含了 URL 地址信息的搜索词（大概是这一范畴的三分之一），谷歌所返回的并不是通常的 10 个结果，而是只有 1 个指向相关 URL 地址的结果。基于这一原因，在这一范畴下除了首位站点外，不可能再比较雅虎和谷歌的其他搜索结果。[10]

对于政治人物和政治议题，哪个指标最关键，就可能有所不同了。在此，大部分用户看起来并不是要搜寻某个具体的在线渠道。对于这两个范畴而言，前五位搜索结果——普通用户不需要往下滚动鼠标就能看见——的一致性，似乎最重要。在雅虎和谷歌之间就政治议题搜索而言，我们的方法发现"前五位"搜索结果有 61% 的重合度，而对政治人物的搜索则有 65% 的一致性。

谷歌与雅虎使用不同的排名算法、不同的网页抓取方法。然而，

〔10〕 自从这项研究进行以来，谷歌已经改变了这一策略；将一个站点的 URL 地址输入谷歌现在返回的是一个有完整结果的页面。

即使在政治议题搜索方面——这方面的重合度是最小的——这些数据都显示，谷歌与雅虎前五位搜索结果通常有三个都是一样的。

门有多宽？

本章已指出，搜索引擎的确引导着一个巨大体积的网络流量。撇开这些工具的重要性先不谈，就搜索引擎所起到的作用而言，人们的观点很不一致。搜索引擎是强大的守门人，在引导网络流量方面有着相当多的自主支配作用？还是说搜索引擎只是中介者，它反映着既有的建制和社会结构？

在某种程度上，答案是"两个角色都有"。对于搜索引擎守门人角色的公共讨论，有些是关注那些搜索服务提供商的经济实力。毫无疑问，谷歌与雅虎已经成为巨大而成功的企业；到 2007 年 5 月为止，谷歌的市值是 1510 亿美元，而雅虎是 380 亿美元（下一章会更详细讨论这些企业的经济方面）。

然而，虽然市场支配力至关重要，经济方面也还不是故事的全部，网络的结构本身也至关重要。雅虎与谷歌搜索结果的高度重合，看起来反映了"赢家通吃"的链接模式。用户对短小、概括性搜索词的依赖，以及他们整体上精明度的缺乏，也同样删节了（truncate）公众所见的内容。到 2006 年 3 月，对于"政治"这一搜索请求，谷歌声称找到了 837 000 000 个结果，这是一项杰出的技术成就；但是这一巨大的内容聚合也会无足轻重，如果几乎没有用户去探索超过搜索结果首页的那些页面——或者下滚鼠标至首页底部的话。

公民们好像的确在网上找到了他们所搜寻的东西。大多数搜索没有去浏览超过首页的那些搜索结果，但尽管如此，大多数用户对于他们找到所查寻之物的能力，表达了自信（Fallows 2005）。不过，以为因特网将会扩展用户所能获取的政治信息的那些人，不得不面临以下两个重要事实。首先，公民们所查询之物相对来说很少是关乎政治的。搜索引擎，连同门户网站一起，是新闻网站交通流量的主要管道。不过，与其去追踪政治性议题，公民们更可能去获取在线的天气预报和体育赛事成绩。

其次，在公民们所搜寻之物中，多数是已知的。差不多五分之三的新闻搜索是针对具体的新闻信息源；大约40％的政治性搜索同样是在搜寻具体站点或具体的政治组织机构。聚焦于已知组织机构和媒体的搜索查询，是不大可能会扩展公民们所使用的政治信息源的。

于是，这是搜索引擎有助于保持公众注意力高度集聚化的又一方式。雅虎和谷歌容许公民去寻找新网站，但它们也让用户很容易就回到了已知的新闻信息源。互联网或许容许成百上千万的小规模网站增殖繁衍；但是就新闻与政治而言，这些小网站通常不是公民们所搜寻的。

在政治学上，关于搜索引擎的争论不应使得我们从更加基础性的兴趣上分心。在网络交通流量的广阔背景下，新闻与政治站点只有次级重要性。每100次的站点访问中，只有大约3次是指向新闻与媒体网站；1000次站点访问中，略微多于1次的访问是指向政治性网站；而色情内容的受欢迎程度要比政治性内容多出两个数量级。

本章详细描述的网络流量模式，应该有助于弱化关于网上政治话语的许多由来已久的神话。那些政治倡议网站以及甚至那些卓越的政治博客，所获得的关注只是传统新闻媒体的极微小一部分；并且，对政治性网站的访问方面，那些年长的公民要远远多于年轻公民。

不过，关于网络政治的讨论，最大和最持续的问题在于其他视角的缺席。学者、政府官员和新闻记者已经对网络政治投入了大量关注，但公民自己却将他们的注意力投向了别处。

第五章
网络集聚

信息所消费的东西相当明显：它消费的是信息接受者的注意力。因此，信息的富裕会造成注意力的匮乏，需要在可能消费注意力的那些过剩的信息源之间有效地分配它。

——赫伯特·A. 西蒙（Herbert A. Simon）《计算机、通讯和公共利益》，1971

从法律到公共政策，从民主理论到政党政治，对因特网的兴趣 起始于相信网络正在让信息流动民主化。第三章和第四章从宏观和微观层次，考察了在线关注（online attention）的模式。本章更进一步，直接挑战以下观念，即认为网络受众不如传统媒体受众那么集聚化（concentrated）。如果确实如我们所见，仅此一点就会改变我们对于"谁在网上被听见"的预期。

断言线上和线下受众一样的集聚化，这是有争议的，但某种程度上之前的两章试图为这样的断言奠定基础。那两章已经显示了这种集聚化的很多潜在原因。对于普通公民，或者就算是对于超人般的公民而言，浏览数十亿的网页也需要极端的认知捷径（cognitive shortcuts）。网络链接结构中的幂律分布模式，将用户导向被密集链接了的站点。绝大多数公民不会去探索首页搜索结果之外的页面，很多人使用搜索工具不过是去寻找他们已知的信息源，而搜索引擎本身对于哪些是与搜索词最相关的站点，结果通常是一致的。本章将更进一步指出，网络内容生产的经济性结构，同样会导致受众聚集在一小簇成功网站周围。

不过，本章的中心目标是要测量网络受众究竟有多么集聚。希望读者会觉得本书的解释有说服力，并且最终他们会将网络集聚看

83 作是意料之中的、由多重因素决定了的。但对政治学而言，重要的是去测量网络集聚的程度，而并不在乎它是由何而产生。在此，我的问题直截了当：哪一部分在线读者群聚集到了最受迎的那些媒体那里？我们在网上所见的这些模式，与在传统媒体中习以为常的那些模式相比，有何区别和联系？关于因特网的各种断言都是相比较而言的；它的那些政治效果被认为是源于它替代了主流媒体。但因特网真是对广播模式（broadcast model）的一种急剧突破么？

进入门槛

为了理解新媒体中的集聚，我们首先需要回顾传统媒体中关于集聚的一些基本经验。市场集聚（market concentration），是经济学家们取得几乎完全一致意见的领域。在合法垄断与掠夺性商业行为缺席时，集聚化的市场是一种容许规模经济的市场——规模经济（economies of scale）意味着，企业生产得越多，它的平均成本就越少。

让我们考察一下令人尊敬的报纸行业——大众传播的最古老媒介。过去的几十年中，全美低于1%的日报在同一座城市会拥有一个

直接的竞争者（Dertouzos 和 Trautman 1990；Rosse 1980）。经济学研究得出结论，地方性的报纸垄断源于规模经济；因为最大型的企业能够以更低的平均成本来运行，它将较小的竞争者挤出了市场（参见例如 Rosse 1967，1970；Dertouzos 和 Trautman 1990；Reddaway 1963）。报纸行业有着高昂的固定成本和低廉的边际成本。生产某报纸的第一份拷贝是相当昂贵的，需要大量员工和大量基础设施；而生产第二份拷贝则只需花费一点零碎小钱。

就此而言，报纸与广播媒体和例如自来水、电话、电力这些公用事业——"自然"垄断的经典案例——有着相似的成本结构。供水和供电服务需要有实体基础设施方面的大量初始投资。电线必须从发电站架设入户，而管道系统必须从水厂通到家庭然后再回到污水处理设施。将第一加仑水供应到户可能需要几千美元，但第二、第三和第一千加仑的水则所费极少。软件行业是另一个经常被引用的自然垄断案例：尽管研发一个软件需要开发商的巨大努力，但生产最终成品的一个完美拷贝却极其便宜。

我想指出的是，许多在线市场同样有着高昂的固定成本和低廉的边际成本，关于因特网正在如何"降低进入门槛"的广泛讨论因此就会是误导性的。在线市场领域有许多是极其资本密集型的（capital–intensive），先行者们拥有巨大的先发优势。而由于大量预先投资可以被整体的用户基数所平摊，在线市场通常就会形成大型的规模经济。[1]

上一章末尾，我曾简略谈及了搜索引擎市场的经济学。事实上，

---

〔1〕　无独有偶，一些学者将因特网与电视广播的可能趋同看作是在重建高进入门槛——因此减少了内容的多样性（Gandy 2002；Owen 1999；Roscoe 1999）。我在此则证明，进入门槛从来也没有像这些学者所以为的那样低过。

雅虎和谷歌也是内容提供商，搜索结果是在线内容的一种重要形式。谷歌要成为市场领导者，它需要的可不只是关于新型搜索算法的一个漂亮主意。它同样需要巨大的资本投资，花费数以亿计的美元用于研发、人事、营销和软件编写——更不用说用于处理每天数十亿次搜索请求的那些必要的物理硬件。

　　谷歌公司的财务报表（financial statements）强烈突显着这些事实。自从2004年8月成为上市公司以来，谷歌公布了更多的财务状况。就2005财政年度而言，谷歌（2005，40）报告总收入为61.4亿美元，这笔钱的40%直接用于"营业成本（Costs of Revenues）"，主要是流量获取成本——支付给广告合作商或其他将用户引向谷歌网站的合作伙伴的资金。因此谷歌所获得的流量并不只是其网站吸引力的自然结果；它每年支付数十亿美元让其他网站将访客汇集到自己的在线资源。到2005年12月31日，谷歌雇佣了2093名员工来做研发；整个2005自然年度，它在研发上花费了4.84亿美元（谷歌，2005，18，41）。

　　谷歌资产负债表（balance sheet）上最令人惊讶的或许是其在固定资产（capital equipment）方面的巨大花费。从2003到2005年，谷歌报告其净利润（net income）为19.7亿美元，但却花了13.3亿美元在不动产和设备上。换言之，这个三年期时段中的基本建设支出耗取了谷歌纯利润的三分之二。2005年末，谷歌在信息技术设备方面列出了9.49亿美元资产。有分析家声称，谷歌的固定资产开销是"不可估量的高昂"，指出其在固定设备方面的花费所占收入的比例，和在典型的电话公司那里的情况一样（Hansell 2006）。尽管如此，谷歌CEO埃瑞可·施密特（Eric Schmidt）还说这一花费尚且不够。谈及谷歌服务器上巨大体量的网页、电子邮件和视频时，施密特宣称："那些设备都满载了。我们面临着巨大的设备危机"（转引自 Hansell 2006）。

其他搜索引擎若要和谷歌相竞争，需要什么条件呢？以雅虎和微软为例来考察，毫不意外的答案是："大量的金钱。"在很多方面，雅虎的财务状况和谷歌看起来类似。在 2005 财政年度期间，雅虎报告了 52.6 亿美元的总收入；但和谷歌一样，营业成本吃掉了总收入的 40%，且其中大多数（又）是花费在流量获取上。在同一年，雅虎（2005，66）花费 10.3 亿美元用于市场营销，5.47 亿美元用于产品开发，后者包括改善其网站和一般性的研发成本。到 2005 年 12 月，雅虎报告拥有价值 8.38 亿美元的计算机设备。

雅虎还以其他方式展示了搜索引擎市场的进入门槛。雅虎在其历史上大多数时候，都是依赖其他公司为其门户网站提供搜索结果。2004 年第一季度，雅虎停止为来自谷歌的搜索技术颁发许可，转而使用自己的内部搜索引擎。它是在 2003 年通过一系列快速的企业兼并买到了自己的搜索技术，最终吞并了 Inktomi、Overture 以及既有的搜索引擎例如 Alta Vista 和 All the Web。收购 Inktomi 花了雅虎 2.9 亿美元；收购 Overture 则花费了 17 亿美元的高价（雅虎 2005，47）。[2] 正如雅虎 CEO 特里·塞梅尔（Terry Semel）所说，这些交易的财政成本和战略风险都是极其巨大的，但雅虎担心若没有这些收购，它将不可能进入搜索业务。塞梅尔说（2006）："我们赌上了我们所拥有的一切——在那些收购中我们赌上了整个公司，因为一旦失败我们将面临严重问题，并且如果让其他任何家伙获得它而将我们拒之门外，我们还将面临更严重的状况。"

基于微软所公开的财务信息，其在搜索引擎方面的投资很难量

---

〔2〕　雅虎在获得 Alta Vista 和 All the Web 之后很快就获得了 Overture。

86　化描述，但毫无疑问也是同样数额惊人。2006 年 5 月，微软宣布它下一年将比预期多花费 20 亿美元，声称这一必要的额外花费是用于和谷歌竞争（Lohr 和 Hansell 2006）。

　　在搜索引擎这里可见的资本密集型支出模式，也能在其他在线市场见到。我们来看看另一种杰出的网络商务——亚马逊（Amazon. com）。亚马逊最初的商业模式表明，这家公司将只是靠巨大的销售量来盈利；其希望在于，当构筑了庞大的客户群和广泛的线上线下基础设施投资之后，很少别的书商能参与竞争。亚马逊打赌，因特网将会产生**高昂**的进入门槛，从而限制了未来的竞争。这一赌注看起来下得正确。亚马逊（2005）公司现在是一个巨型（也是超级昂贵）的企业，2005 年总收入为 81.4 亿美元。它最接近的竞争对手 Barnesandnoble. com（2005，30）公司 2005 年的在线销售额为 4.4 亿美元——只相当于亚马逊在线销售额的 5%。

　　与亚马逊这样已建立起来的网络公司相竞争，其难度也可以在 Borders. com[3]案例中见到。Borders 集团是一个大型全国连锁书店，有着确定的分销渠道和广泛的客户群。Borders 努力寻求使其网站盈利，但此后在 2001 年 8 月终于认输并同意让亚马逊接管其全部的网站业务（Soto 2001）。任何一家街角书店都能以极小的投资，建立一个仅具雏形的网站。但如果像 Borders 这样的公司都没法和亚马逊同场竞技，谁还可以呢？家庭作坊式小书店（Mom and Pop's Books），如何能有效地竞争过一个在 2005 年仅在开发、维护和改善其网站性能上就花费了 4.5 亿美元的公司呢（亚马逊 2005，50）？

---

　　〔3〕　美国 Borders 书店，1971 年由 Tom and Louis Borders 创立，为全美第二大连锁书店。由于网络书店的兴起等因素，Borders 业务每况愈下，于 2011 年 2 月申请破产。——译者注

　　这些财务数据迫使我们重新考量，在网络市场与传统市场之间所预设的差异。没有谁在考察电话公司——或者甚至软件公司——时，会认为其进入门槛是低廉的。但这样的主张在网络市场中仍然大行其道，尽管在这个市场企业也面临着相似的成本结构。线下世界中造成市场集聚的那些财务压力，在网络世界中也同样是显而易见的。

<h2 style="text-align:center">发行，而非生产</h2>

　　笼统的判断认为，因特网正在降低进入门槛，但这和目前掌握的证据相悖。不过，在一个关键领域中，因特网的确改变着媒体公司和内容生产商的成本结构：它降低了发行（distribution）的成本。例如音乐产业，借助苹果 iTunes 这样的在线音乐服务来发行歌曲，节省了印制和发行 CD 光盘的成本，以及维持零售门店的相关成本。但即使它们所有的销售都是在线的，唱片公司也仍然需要支付促销费用、工作室耗时费、艺术家版税和一大把其他花费。最近的一项估算指出，淘汰了光盘的实体发行之后，只是节省了唱片公司 25% 的成本（Anderson 2004）。

　　回到报业案例，会更加具有启示意义。对于报纸行业而言，运营一个网站的开销通常远远便宜于由印刷机、印刷工、纸张、墨水、送货车、送货员所构成的开销。然而无论读者是在线上还是线下，报纸都要开工资给记者、编辑、门卫、办公室行政人员；这些人还需要办公室、写字桌、电脑和电话。要理解因特网有多么重要，最好是将报纸的开销分为两类：用于生产文章、图片和其他内容的花费，印刷和发行这些内容的花费。假如《纽约时报》所有的读者突然转向其网络版，那么印刷成本就消失不见了，但第一类成本仍然会很大程度保持不变。[4]

很多报业公司是上市企业，它们需要依法公布某些内部财务状况。证券交易委员会所要求的财务报告，并不完全适用于我们的研究意图，但关于报业公司在印刷和发行其报纸产品方面究竟花费多少，它还是提供了洞见。举例来说，纽约时报公司就发行量而言是最大型的报业企业之一；它出版《纽约时报》、《波士顿环球报》、《国际先驱论坛报》以及更小型的地方性报纸如《伍斯特电讯公报》。

报业是一个劳动密集型的行业。正如纽约时报公司（2005，F4）在其年度报告中所说明的："这一新闻传媒集团的主要运营费用于员工相关（employee – related）成本和原材料，后者主要是新闻纸。" 2005 年，纽约时报公司花费 3.21 亿美元用于原材料，占到其报纸总运营费用的11%。对于这一公司而言，劳动力成本要大于原材料成本，达到 6.91 亿美元（纽约时报公司 2005，F22）。

尽管很难分析纽约时报公司旗下不同新闻机构的劳动力成本，但仅就《纽约时报》本身而言，这一报纸的那些劳动合同（labor a-greements）却透露出关于"员工相关成本如何分布"的很多信息。《纽约时报》劳动者中的大多数加入了工会；大约 3000 名《纽约时

---

　　〔4〕　例如，罗伯特·皮卡德（Robert Picard，2002，64）指出，报纸行业将会渴望利用因特网来节省印刷和发行成本，但只有在读者数和广告收入保持不变——这是不可能的假定——的情况下才谈得上节省。

报》员工是工会成员（纽约时报公司 2005，10）。[5] 这些工会的会员资格区分出"生产性员工（production employees）"——排字工、铸版工、司机、操作工程师、印刷工等——和负责报纸内容的员工。其中 1600 名《纽约时报》的员工是纽约报业协会的成员，它代表着报业记者、摄影师和编辑。其余 1400 名加入工会的员工，则是生产或投送工会的成员。因此，《纽约时报》已入工会的员工中超过一半致力于内容生产——对于这类成本，因特网的影响微乎其微。

关于报业财务状况的另一掠影来自奈特里德集团（Knight Ridder Corporation），2005 年末，论发行量它是第二大报业企业。[6] 奈特里德在 29 个市场中拥有 32 家日报型报纸和 65 家非日报型报纸。2005 财政年度，奈特里德（2005，40）总运营成本为 25.1 亿美元。在这一数额中，奈特里德花费了 4.1 亿美元用于新闻纸、墨水和其他耗材——占到公司总运营成本的 16%。奈特里德（2005，21）列出了大约 1.3 亿美元的生产成本，以及大约 3.3 亿美元的发行成本。简而言之，印刷和发行只相当于奈特里德运营成本的大约三分之一。

那么就新闻内容而言，说因特网会把公民从消费者转化为生产 89
者，这一判断就是成问题的。对于那些本来生产成本就低廉的内容来说，更低的发行费用可能利益攸关。在政治博客那里，任何有点儿电脑常识和观点的人都可在线发表他们的想法；但撰写博客只是

---

〔5〕 纽约时报传媒集团总计拥有 4800 名全职员工。但是这一集团所包括的并不只是《纽约时报》本身，还包括 WQXR 电台、纽约时报新闻服务、纽约时报网（NYtimes. com）和探索时代（Discovery Times）有线电视频道。根据这一年度报告，《国际先驱论坛报》拥有 350 名全职员工；其他分支机构的员工数量信息并未提供。请注意，管理层的员工也没有包含在工会名册（union rolls）里。

〔6〕 2006 年初，奈特里德的那些有所不满的股东们要求售出这一公司；它在 2006 年 6 月为麦克拉奇公司（McClatchy Company）所收购，后者是另一个报业连锁集团。奈特里德的命运进一步证明，在小型市场上，报业困难重重。

某种例外情况。对于生产成本业已高昂的内容来说，即使在平均发行成本低廉的情况下，因特网也并不改变经济上的那种集聚规律。更加可能的情况是，因特网格外低廉的发行成本反而可能为更大型的规模经济提供保障。

不过，在某个重要方面，因特网的确改变着传统媒体的那些规则。地理界线一直以来有助于限制地方媒体所要面对的竞争。当无线广播还不能在电台区域之外被收听到时，地方性的广播媒体现在却不得不去和有线广播、卫星广播相抗争。历史上，报纸行业一直要比电台和电视台更多地受益于地理门槛。正如菲利普·梅尔（Philip Meyer，1995，40）所描述，20世纪绝大部分时候，"垄断性报纸（是）一个收费关卡，信息经由它而在本地零售商和其顾客之间传递……拥有报纸就像是有权去征收销售税"。如今形势一如既往，仍然只有三家报纸具有显著的全国发行量：《纽约时报》、《华尔街日报》以及《今日美国》。而在网络上，地方报纸现在要和成千上万来自国内和全球的媒体相竞争。很多人指责因特网导致近年报纸发行量下降；到2006年秋季，三年的累积流失已经吞噬了每日发行量的6.3%和周日发行量的8%（卓越新闻计划2007[7]）。报纸上就业与分类广告业务的下降尤为明显，因为地方报纸现在面临着来自Craigslist和Monster.com[8]这类网站的竞争压力。

这些变化促使我们追问：我们究竟要在什么层级上衡量多样性？对个体公民而言，因特网将他们的媒体选择机会提升了几个数量级。

---

〔7〕 Project For Excellence In Journalism，简称PEJ，美国皮尤研究中心下属的一家评估和研究新闻界表现状况的机构。2014年更名为"the Pew Research Center's Journalism Project"。——译者注

〔8〕 Craigslist和Monster.com都是美国著名的大型分类广告网站，特别是提供人才招聘信息。——译者注

华盛顿州沃拉沃拉（Walla Walla）市对国际新闻感兴趣的居民，不必再满足于《沃拉沃拉联合公报》；他们可以阅读《纽约时报》、《泰晤士报》甚至《印度时报》。不过，关于媒体多样性的讨论经常是发生在国内政治的语境下。通常的看法是，正是由于因特网，美国整体上将立足于更宽泛的媒体渠道和政治信息源。尽管如此，在国内政治层面，多样性的增加也并不是确然无疑的结论。 90

表5.1　线上与线下媒体的受众份额

	N	前 10	前 20	前 50	前 100	前 500
所有网站	1325850	26%	30%	35%	40%	51%
新闻与媒体站点	7041	29%	37%	47%	56%	79%
政治站点	970	31%	43%	62%	77%	99%
电台听众	1290	7%	11%	21%	33%	77%
报纸发行量	1058	19%	29%	46%	61%	91%
杂志发行量	653	27%	36%	52%	67%	98%

这张表呈现了线上与线下媒体的受众份额数据，网络方面的数据来自 Hitwise，电台方面的数据来自阿比创公司（Arbitron corporation），报纸与杂志发行方面的数据来自发行量审计局。

网络集聚

在考察媒体集聚之前，我们应该首先审视一下网络流量模式本身。在此，Hitwise 数据再次容许我们从宏观和微观两个层次考察网络使用情况。这些数据没有像第三章中的数据那样被精细处理过；

例如，那里所使用的抓取和分类技术找到了 1000 多个涉及堕胎内容的站点，尽管在 2006 年 5 月时 Hitwise 的**整个**政治类范畴是由少于 1000 个网站所构成。与此同时，Hitwise 数据容许我们直接考察受众占有率（audience share），而不是借助间接的测量方法，例如链入链接数。

表 5.1 展示了线上与线下那些名列前端的媒体所获取的受众份额。暂且撇开这张表的下面 3 行不论，即涉及电台听众与纸媒发行量的那 3 行，只是考察前面 3 行。第一行显示了 Hitwise 在 2006 年 2 月所追踪的所有 130 万个站点的综合数据。在这行之下，则分别是同一时期 Hitwise 所跟踪的 7000 多个新闻与媒体站点以及 970 个政治性网站的集聚程度数据（concentration figures）。

考虑到茫茫无垠的网络内容，用户如此狭隘地集中于名列前端的那些少数站点，实在令人吃惊。Hitwise 谨慎保守地对网站进行分类，（例如）将对雅虎邮件（mail. yahoo. com）的访问区别于对雅虎门户主页的访问。尽管如此，前 10 位站点获取的访问量还是超过了所有网站访问量的四分之一。

最受欢迎的站点有着巨大的市场份额，这还不是故事的全部。前 5 位站点获取了 20% 的网络总流量，但 50% 的网络流量却要求我们去考察前 500 位的站点。在受众分配上，排名较低的那一端（lower end）比起传统媒体中的同一端要更加碎片化。就个别而言，这些排名较低的信息源中的每一个都是微不足道的；但是就总体而言，这些站点占据了网络流量中颇为可观的一部分。

第三章曾提出网络是分形化地（fractally）构造起来的，在每一层次都有着"赢家通吃"模式。Hitwise 数据与这一假设相一致。对于前 10 位和前 50 位的网站而言，政治流量方面的集聚情况与媒体类站点的流量模式以及整个网络的流量模式是类似的。[9]

比较性数据，比较性指标

　　有一种预期是，因特网会产生广泛而又平均的受众注意力分布，但这并未被数据所证明。当然，真正的测量是比较性的——关于网络受众的数据需要与来自传统媒体的数据相对照。为了给网络内容选择最恰当的比照，我们需要首先搞清楚因特网改变——以及没有改变——美国媒体环境的那些方式。

　　关于网络政治的讨论，经常使人们感受在公众获取其政治信息的领域，网络已经激起重大转变。但实际上，媒体消费调查显示，剧烈的变化其实要少得多。关于公民改变着的媒体习惯，有个可靠数据来源是皮尤民众与新闻中心（Pew Center for People and the Press，参见Althaus 2007 的讨论）。自 1991 年以来，皮尤全国调查（national Pew surveys）一直在请美国民众列出他们的两个最重要的新闻来源。[10] 对于我们的研究目的而言尤其重要的是，皮尤数据要早于作为大众媒体 92 的因特网的兴起。当皮尤调查 1994 年第一次问及因特网新闻源时，低于 1% 的受访者将因特网列为他们的首要新闻源之一。

　　皮尤调查数据确实显示出，在应对高度瞩目的新闻事件时，公众在媒体使用方面的某些突如其来的转变。"9·11"恐怖袭击事件、

---

　　〔9〕　请注意，考察前 500 位的政治性站点对于政治网站方面而言意义不大，因为这 500 个站点已经包含了超过一半的所追踪的政治站点。

　　〔10〕　皮尤问题的精确表述是："一直以来，您是如何获取您的大多数关于国内和国际议题的新闻的？电视、报纸、电台、杂志还是因特网？"受访者被鼓励但并未被要求列出一个第二新闻源。

入侵伊拉克和卡特里娜飓风之后（Althaus 2007），对于电视的依赖暴涨（而对于电台和报纸的使用则下降）。并且在过去的 15 年中，电视的统治地位从来没有被挑战过。到 2006 年末，四分之三的受访者将电视列为主要的新闻源——这一比例基本上与 1991 年的水平持平。尽管对于报纸的依赖已大大低于 1990 年代中期所报告的顶峰水平，但 2006 年的数据表明五分之二的美国人还是依靠报纸作为主要的新闻源——只是略微低于前因特网时代的数据。与之相对照，在 2006 年末时四分之一的受访者将因特网列为主要的新闻源，而五分之一的受访者依赖于电台。虽然皮尤数据显示自从 2003 年以来因特网就在人气上替代着电台，但是这些数据也表明（皮尤民众与新闻中心，2006），网络新闻的受众近年来已趋于稳定（甚至略微下降）。和报纸的情况一样，对电台的依赖也并没有太低于 1990 年代早期的水平。

到此为止已清楚，在替代传统媒体源方面，因特网只是成效平平（modest）。不过，为了比较线上与线下媒体，很有必要关注一下纸媒和电台，那里能找到最典型的案例，以表明因特网从传统媒体那里窃取了听众（或者至少是窃取了收入）。

庆幸的是，关于纸媒的受众情况，有个唯一的权威数据来源。发行量审计局（ABC）为几乎所有主要的美国报纸和杂志出具发行量数据的证明。这里所用的 ABC 数据来自 2003 年 12 月，包括 1058 家日报和 653 家全国性杂志。[11] 电台方面的数据来自阿比创公司（Arbitron corporation），它是关于美国电台听众与人群统计信息的一个主要

---

〔11〕 尽管更晚近的数据可用来分析名列前 200 位的媒体（下面会用到这些数据），但此处这些略旧的数据包括了 ABC 所跟踪的所有杂志与报纸，而不仅仅是前 100 位或者前 200 位的媒体。对于日报而言，这些数据反映了一周之内的哪一天拥有最高的发行量。

业内信息源（industry source）。阿比创的数据包括了全国前 50 个电台市场中的 1290 家电台。这 50 个市场包含了超过 1200 万 12 岁及以上的美国听众，差不多是全国 12 岁及以上人口的一半。

所有这些数据在范围上都是全国性的而不是区域性的。克利夫兰和巴尔的摩（Cleveland and Baltimore）的广播电台无法相互竞争听众，但是某个利基市场（a given niche）中的每一网站都要直接和其余的所有网站相竞争。此项分析的一个目标在于，把分散于各地的媒体（locally fragmented media）和并不面临同样地理限制的那种网络内容相比较。

当这些纸媒与电台的数据和那些来自网站的数据并列比照时，整体上的集聚情况令人震惊地相似。回到表 5.1，前 10 名报纸获得了全国报纸发行量的 19%，前 10 名杂志获得了杂志发行量的 27%。与之对照，前 10 名网站获得了所有网站流量的 26%；而在新闻与媒体类站点中，29% 的流量都流向了前 10 名站点。

或许最有意思的对比，是在报纸的发行量与新闻媒体类网站流量之间。在两种情形下，前 50 名媒体都占据了总体市场的近一半；但受众的分布状况在这两类媒体间是不同的。人气站点在网络上要更加重要，但小站点也同样如此。最实质的差异来自那些或许可被称为"中间类别（middle-class）"的媒体：排名在 101～500 之间的媒体拥有纸质报纸 35% 的读者，但却只获得媒体类网站读者数的 22%。而尽管排名在前 500 名以外的报纸代表的只有 9% 的全国纸媒发行量，但却有 21% 的媒体类站点访问流向了排名 500 或更低的那些媒体。

表5.2　受众占有率比较：纸质媒体与数字媒体

	前10	11～20	21～50	51～100	101～500	501+
新闻与媒体网站	29%	12%	10%	9%	23%	21%
对比报纸发行量	+10%	+2%	-7%	-6%	-7%	+12%
对比杂志发行量	+2%	+3%	-6%	-6%	-8%	+20%

这张表把新闻与媒体网站的受众占有率分布状况，和报纸与杂志的发行量作了比较。

94　表5.2提供了对这些数据的另一种描述。它同样是比较了媒体网站的流量与报纸杂志的发行量，将这些媒体按人气程度排名来分组：前10名媒体、前11～20名媒体、前21～50名，等等。第一行展示媒体站点的不同排名组别的市场份额；第二和第三行则是在相应组别中，将媒体网站的数字减去报纸和杂志的市场份额所得的结果。[12]

受众份额在媒体站点之间的分布并没有变得更加平等——表5.2表明，前20名媒体相对于它们在纸媒中的表现而言，夺取了更多的在线市场。但是，对于那些中间组别（middle categories）——排名21～500——的媒体机构来说，它们的在线受众份额的确有实质性的下降。尽管那些名列前端的媒体在网络上似乎至少和它们在纸面上一

〔12〕例如，表5.1第一列显示，新闻与媒体前10名网站的市场份额为29%，而报纸发行量前10名则占到19%，杂志发行量前10名占到27%；在表5.2这里，新闻与媒体站点前10名站点的份额仍然为29%，减去报纸发行量前10名的份额即29%－19%＝10%，减去杂志发行量前10名的份额即29%－27%＝2%，其他依次类推。如此相减之后的结果呈现在表5.2的第二和第三行，它们可以表明新闻媒体类站点与报纸杂志发行量的市场份额差异：如果数值为正，则说明前者获得更多受众份额；如果数值为负，则说明后者获得更多受众份额。结果可见，排名前20与排名500之后，这两大组都为正值，说明在这两组中网站要比纸媒获得更多受众份额。——译者注

样重要，但中小媒体的市场份额则下降了。那些最小型的媒体，并没有在网上继承其线下媒体环境，它们转而似乎是蚕食了那些中等规模的同类媒体（moderately sized peers）的受众。

集聚度的指标

考察名列前端的媒体的市场份额，并不是测量集聚度的唯一途径，社会科学家们很久以来依赖更加系统性的测量方法来判断资源丰富者和资源贫乏者之间的差距。就我们的意图而言，我调整了两种最广泛运用的测量指标，以便去比较线上与线下媒体的集聚程度。我还运用了新近提出的一种特别用于测量媒体多样性的指标。

第一种指标是基尼系数（Gini coeffient）。它最初在 20 世纪早期被发展出来用于衡量收入不平等时，科拉多·基尼（Corrado Gini）本人就已声称，基尼系数可以用于计算几乎任何资源之间的相对不平等。基尼系数等于洛伦兹曲线和（假设的）绝对平等线之间的面积的两倍。[13] 有很多方法来计算基尼系数，但最常用的公式之一由马尔科姆·布朗（Malcolm Brown，1994）提出。设 X 为人口的累积比例（cumulative proportion），Y 为相关资源的累积比例，基尼系数等于：

$$G = 1 - \sum_{i=0}^{k-1} (Y_{i+1} + Y_i)(X_{i+1} - X_i)$$

基尼系数所产生的可能值介于 0 到 1 之间，值越大意味着越高

95

---

〔13〕 洛伦兹曲线（Lorenz curve）可以这样获得：相对于占有相关资源的人口的累积分布（cumulative distribution），绘制这一资源的累积分布函数的图像。在遵从绝对平等的人口中，洛伦兹曲线是一条完美直线：30% 的人口拥有 30% 的财富，75% 的人口拥有 75% 的财富，依次类推。按经典定义，设洛伦兹曲线与绝对平等线之间的面积为 B，洛伦兹曲线右下方的面积为 B，一般以 A 除以（A + B）的值表示不平等程度，称为基尼系数。但此处原文为"基尼系数等于洛伦兹曲线和（假设的）绝对平等线之间的面积的两倍"，可能作者有笔误。——译者注

程度的不平等。

第二种测算不平等的方法是赫芬达尔－赫希曼指数（Herfindahl－Hirschman Index），或者 HHI（参见 Hirschman 1964）。HHI 被发明出来用于测量产业内部的企业权力（firm power），计算方法是首先以百分数表述被研究对象的总资源占比，然后将其平方，再将所有研究对象的平方值加总求和。更加形式化的 HHI 可这样计算：

$$HHI = \sum_1^N P_i^2$$

在此，N 表示媒体数量，Pi 表示受第 i 个媒体或网站约束的总资源占比。HHI 指数的可能值介于 0 到 10 000 之间。[14]

最后，我使用了诺姆指数（Noam index），这是由伊莱·诺姆（Eli Noam）新近提出的指标，它试图在那些最大型参与者的市场权力与获得一定受众的那些媒体的数量之间取得平衡。正如诺姆（2004）所说："对市场权力的测量（HHI）或者对多元性的测量［意见表达的数量（number of voices）］，人们不应该在这两者之间只取其一，而应该将它们结合起来。"诺姆对这一问题的解决方案是，将 HHI 除以在特定市场中达到 1% 受众份额的媒体（media "voices"）之数量的方根。诺姆指数因而就得自以下方程：

$$Noam = \sum_1^N \frac{P_i^2}{\sqrt{\hat{N}}}$$

在此，Pi 表示第 i 个媒体所吸引的总受众的百分占比，N 为媒体

---

〔14〕 根据这一计算方法，HHI 值应介于 0 与 1 之间：HHI 值越大，表明市场集聚度越高；当市场处于完全垄断时，HHI = 1；当市场上有许多企业，且规模都相同时，HHI = 1/n，n 趋向无穷大，HHI 就趋向 0。但是，通常的表示方法是将这一值乘以 10 000 而予以放大，故作者说 HHI 的可能值介于 0 到 10 000 之间。——译者注

数量，而 N 则表示至少有着 1% 市场份额的媒体之数量。诺姆
（2004）解释道："1% 看起来是个合理的门槛：很小但并非微不足
道。"和 HHI 一样，诺姆指数给出的可能值也介于 0 到 10 000 之间；
不过，所有非垄断性市场的诺姆指数值将小于其 HHI 值。

在社会科学中，HHI 和基尼系数是最常用的关于不平等或集聚 96
度的指标；而诺姆指数由于太新颖还未见许多应用。这一组测量方
法之所以引人注目，部分是因为它们各有侧重。HHI 通过对其要素
取平方，突出了具有最高权重的那些研究对象；更小型的市场参与
者在 HHI 计算中则几乎没什么重要性。与之相比照，基尼系数只是
一个平均，它是从数据中的所有研究对象那里平等地得出来的。增
加大量小数值的观察值，会急剧提升基尼系数。

这一分析的结果可见于表 5.3。所有这些指标都强化了以下结
论，即网络受众至少和传统媒体受众一样的集聚化。[15] 这张表的第
一列显示所有这些媒体类别的基尼系数。对于网络整体、新闻媒体
站点、政治类站点而言，其基尼系数显示出比纸媒和电台更大的不
平等。[16] 也许有人会指出，多如牛毛的小型在线发布者拉低了平均
水平，使得我们很难发现网络受众的注意力正散布于更宽泛的媒体
群。

表 5.3 的第二和第三列表明事实并非如此。有着极小市场份额

---

〔15〕 两个近期的跨媒介研究采用了同样方法并且获得了同样结论。Jungsu Yim
（2003）发现，在传统媒体中，集聚度随着可使用媒体之数目的增长而增长。在比较前
100 家报纸的发行量数字和它们网站所获得的链接数之后，James Hamilton（2004，第 7
章）指出，在线新闻生产的经济方式会导致集聚而非离散。

〔16〕 Hitwise 数据的一个局限在于，在某个分类下只有获得超过总流量 0.01% 的站点
才会被给出其流量数字。这里的基尼系数只能使用这一门槛之上的站点来计算，从而 N 在
"所有网站"这一类别下就减少为 1346，在"新闻与媒体"类别下为 1810，在"政治"
类别下为 558。不过，这一限制的确使得这些基尼系数值更有跨媒体的可比性。这样低的
N，同样也可能会降低所呈现的不平等水平，从而使得此处的比较显得保守。

的成千上万的信息生产者，可能会改变基尼系数，但对 HHI 没有影响。HHI 数值显示，整个网络的流量与报纸发行量差不多有着同样的集聚度。在新闻与媒体站点中，以及在关注政治的站点中，HHI 实际上超过了杂志和报纸。根据这一算法，就新闻媒体类消费而言，线上比线下更加集聚化。

表 5.3　媒体集聚度的三项指标

	基尼系数	HHI	诺姆指数
所有网站	.76	69	22
新闻与媒体站点	.88	134	40
政治站点	.85	140	31
电台听众	.53	19	–
报纸发行量	.69	73	18
杂志发行量	.70	123	34

　　这张表综合了媒体集聚度的 3 种指标，既涉及网络媒体也涉及传统媒体。总体而言，它表明网上受众至少和线下媒体的受众一样集聚。没有一个电台达到诺姆指数的 1% 门槛，因此诺姆指数没法用于计算电台听众。

　　诺姆指数也发现了在网络媒体和传统媒体之间可比较的集聚度。在这一媒体指数（Index－outlets）中所使用的达到 1% 市场份额的媒体数量——在网上和在纸媒中看起来几乎没有差别。拥有至少 1% 市场份额的，在所有网络流量中有 9 个，新闻与媒体类站点中有 11 个，政治类站点中有 21 个；与之相较，17 家报纸和 13 家杂志拥有至少 1% 的全国发行量。网络媒体的数量要远远大于传统媒体的数量，但获得"非同小可（not trivial）"之受众的媒体数量并未变化。

印刷与像素中的报纸集聚

这些数据和指标都指向一致的结论。不过，电台倒是还不能和新闻杂志（newsmagazine）相提并论，也没法确切地和网站等量齐观。在理想状况下，我们希望单独去分析分布式媒体（distribution medium）的不同效果——去考察由同一些机构生产的、在线上和线下都发布的同一内容。

有一类媒体适合于这样一种比较——报纸。全国 200 家最广泛发行的报纸，现在都将它们的内容发布在万维网上：要么发布在它们自己的网站上，要么发布在与其他新闻机构共享的站点上。除了仅有的少数例外，报纸网站通常显示的是由同一团队制作的和报纸的纸质版同样的一些文章。诚然，很多报纸**尝试**拓展自身，而不是仅仅将其纸质版发布到网上；但是正如帕布罗·波考斯基（Pablo Boczkowski 2005）所指出的，这些尝试中很少有成功者。学者们一直将报纸描述为有着顽固官僚主义的组织机构（参见例如 Epstein 1974），在报纸应对网络现象时，这一事实不幸显露无遗。

为了进行这一比较，我从 ABC 收集了 2006 年 2 月的数据，就发行量来考察前 200 家日报。然后，我收集了这些报纸的网站在同一月份来自 Hitwise 的访客数据，并且运用了上述那些测量指标。[17] 这些结果可见于表 5.4。在每一种测量中，报纸内容在网上都比其在纸质版中更加集聚化。前 10 位媒体掌控了更多的市场总份额，其网站流量的基尼系数也大于纸版发行量的基尼系数。而网上数据的 HHI

98

---

〔17〕　以下数据忽略了 15 家小报，因为它们的官方网站是同更大型的报纸合作出品的。我们特别对前 100 家报纸（它们的数据没有任何缺失）作了额外分析，并且还将所忽略的报纸代之紧随其后的 15 家更低排名的站点来分析。在两种情形下，实质性的结果都和表 5.4 所示结果相一致。请注意，基尼系数是唯一可能受这一忽略数据所影响的指标。

和诺姆指数甚至是纸媒的 2 倍。

表 5.4 报纸集聚度的指标

	前 10 名	基尼系数	HHI	诺姆指数
报纸－纸版发行量（前 200）	30%	.50	143	33
报纸－网站访问量（前 200）	42%	.62	304	65

这张表概述了报纸的集聚度指标，既包括网络版也包括纸版。即使是就这两类媒体来比较同一家新闻机构，在每一测量中网上内容都表现出本质上更强集聚度。

进一步的考察表明，网络发行让某些类型的报纸较之于其他报纸远为受益。根据 Hitwise 数据，《纽约时报》和《华盛顿邮报》的网上流量，大致相当于其纸媒市场份额的 2.5 倍。《波士顿环球报》和《旧金山纪事报》（San Francisco Chronicle），相较于它们的纸质发行来说其网上市场份额翻了一倍。有家报纸——《华盛顿时报》（Washington Times）——做得更好。作为坐落于这个国家首都的保守派报纸，《华盛顿时报》的工作日每日发行量少于 10 万份。但是它基于右倾视角对国内政治的广泛涵盖，使得其在网上所赢得的读者群，要 3 倍于其在纸媒市场的占有率。[18]

但在其余的媒体那里，故事就大不相同了。超过三分之二的报纸相比于其纸质发行来说，所吸引的网络流量份额更小了。尤其是地方性的、小发行量的报纸在网上更加弱势。像《威尔明顿明星新闻》（Wilmington Star - News）和《普罗沃每日先驱报》（Provo Daily Herald）这样的报纸，相比于《纽约时报》或《华盛顿邮报》来说，它

---

〔18〕 在样本中，仅《华盛顿时报》有这样的异常值。

们在网上面临更加残酷的挑战。

总而言之，这些数据表明，各种竞争性民主价值之间有着某种冲突（trade - off）。我们希望公民无论生活在哪里，都能阅读全国最好的报纸。但与此同时，地理上的障碍——通常将大多数社区限制于少数的广播电台和单一的地方报纸——在全国性的层次却有利于保护媒体多样性。

变得更窄的网络

近期很多关于因特网与媒体集聚度的讨论，借"长尾效应（long tail）"这一说法来构筑。长尾效应由科技记者克里斯·安德森（Chris Anderson）所推广普及，其背后的信念是：媒体正在从稀缺模式走向丰裕模式。传统零售商［例如百视达影碟（Blockbuster Video）］货架的面积有限，所以它们只能供应最有人气的商品；但是在线的视频公司（例如 Netflix）却可以提供海量选择。因特网不再是"从少数名列榜首的巨头那里榨取几百万"，而是容许生产商去开采"在比特流浅水区数百万的细分市场"（Anderson 2004）。安德森（2006a）断言，"所有这些细分市场加起来可以像巨头市场一样大（如果不比巨头市场更大的话）"。

长尾理论是对以下主张的重新包装和改良，即认为因特网以牺牲大众媒体（mass media）为代价而促进了窄播媒体（narrowcasting media）的发展。就我们的目的而言，在此我将不讨论音乐、电影或书籍的情况；或许在这些领域中，安德森的那些主张确实成立（尽管也有些是令人质疑的）。但是很多人，包括安德森自己，将同样的

99

一些原理应用到了新闻受众和政治话语上去（参见 Reynolds 和 Reynolds 2006）。[19]

100　　本章指出这类想法存在许多问题。首先，内容生产有其经济模式。某些类型的内容生产成本低廉；另外一些则并非如此。关于长尾理论或窄播媒体的讨论，与进入门槛仍然高企的网络市场毫不相干。几乎就定义而言，大众媒体就属于生产成本高昂而发行成本低廉的行业，这保障着那些最成功媒体的大型规模经济。即使因特网进一步降低发行成本，在印刷界和电波界创造了媒体集聚化的力量仍然持续存在。

　　我们已看到，在广阔的互联网上，政治内容是一种利基（niche）市场。新闻媒体网站、政治性网站是与政治内容最相关的范畴，但对于这两个组别而言，都不能说其分布中的长尾总计可以达到整个市场的一半。如同我们在第三章和第四章所见，我们可以将这些较宽泛的政治利基分解为子范畴或子子范畴的内容，仅去考察自由派站点，去考察关于美国国会或枪支管制的站点，或者只是考察支持或反对堕胎的站点。然而，将网络进一步细分为数百万个利基的可能性，并不能确保一种平等主义的结果，正如芝诺悖论[20]表明飞行

------

　　〔19〕　名博主 Glenn Reynolds 声称，安德森的书"在许多地方受到《小大卫之军》相当强的回应"（Reynolds 和 Reynolds 2006）；安德森（2006b）同样提到"我的观点与（Reynolds 的著作）《小大卫之军》的观点多么吻合"。参见附录书目，G. Reynolds 和 H. Reynolds 是两位不同的作者。《小大卫之军》（*An Army of Davids*）是 G. Reynolds 在 2006 年的一本著作的主标题，该书提出技术让个人更加自由、成千上万去中心化的网络主体正在兴起，这使得普通人能击败大型媒体、政府机构和其他巨头；千千万万的小大卫们正在改变整个社会的力量平衡。另外，本书第六章有对 G. Reynolds 的简要介绍。——译者注

　　〔20〕　芝诺悖论（Zeno's paradox）是古希腊哲学家芝诺提出的一系列关于运动之不可分性的哲学悖论。其中最著名的两个悖论是："阿基里斯跑不过乌龟"和"飞矢不动"，后者为作者在这里所引用。运动中的箭如果细分下去，在每一时刻点上都是静止的，静止的总和不可能是运动，它将无法射中目标。作者在此打了个比方，表明即使我们把网络划分为数百万个细分利基，它们加起来的总和也并不意味着就有很大体量。——译者注

之箭将永远射不中其目标。

此处最紧要的故事不是长尾效应，而是我们或可称为"中层缺失（missing middle）"的那种现象。从一开始，因特网就被描述为一种媒体罗宾汉（Robin Hood）——从大型的印刷与广播媒体那里抢夺受众，并将其分配给小伙伴。但本章中的数据表明，受众是在朝以下两个方向来转移。一方面，赛博空间的新闻市场相比于纸媒来说，似乎更加集聚于前10位或前20位的媒体。另一方面，那些最微型的媒体确实获得了很大一部分的关注眼球。例如，排名500及以下的新闻媒体站点，获得了此类站点总流量的23%，远高于在任何传统媒体中的情况。恰恰是中间类别（middle–class）的媒体，在网络世界中显示出相对的衰落。此外，无可抵抗地，那些更小型的、地方性的媒体机构输给了全国性的信息源。

这些发现，与那些仍然主导着公共话语的过分简单化的叙述相矛盾。例如，不久之前《纽约时报》编辑团队还声称，因特网已经使得 A. J. 利布林（A. J. Liebling）关于媒体自由的名言不合时宜了：

> 媒体自由，一般来说，只属于那些拥有媒体的人。电台和电视由那些富得足以购买广播许可证的人所掌控。不过，有着一台联网计算机的任何人，都能够向潜在的数十亿受众传递信息。（A. cohen 2006）

与很多关于因特网的其他描述一样，《纽约时报》的观点在技术上正确，同时却又是误导性的。因特网的确向任何公民提供了**潜在的数十亿受众**，以同样的方式我们可以说，任何人也能**潜在地**中得彩票大奖。在狂热之中，很多人忘了做一做算术，而这样的算术表

101

明，在网上平步青云的几率微乎其微。构成长尾的那些无数信息源中的每一个，从个体上讲都是微不足道的；即使加在一起，它们也只是公民们实际所见内容中的一小部分。

　　成千上万的新闻源只有几个点击之遥，在这样的世界中，很多人曾经以为像 CNN 或者《纽约时报》这样的机构将变得不那么重要。而那些担心因特网会摧毁公共利益媒介（general – interest intermediaries）的人，则乐于见到大型的、全国性的、品牌性的新闻机构持续发挥作用。大型和小型媒体之间更截然的区分，对于其他民主价值——媒体多样性、宽广的公共空间以及公民讨论中的平等参与——来说是否是好消息，这变得更加难以确定。

第六章

博客：新精英媒体

多元主义天国的缺陷在于，它的神圣和声以一种上等人的腔调在
歌唱。

——E. E. 沙特斯耐德（E. E. Schattschneider）《半自主的人民》，
1960

热衷于因特网的政治意义以及满腹狐疑地看待这一新媒体的人¹⁰²们，都从这样的假定出发，即因特网会把公众的注意力从传统的新闻媒介和利益群体引开，引向不计其数的小规模政治信息源。前面几章已经表明，这样的假定是成问题的。网络生态中的"赢家通吃"模式——无论是在其链接结构还是流量模式中——并不契合于很多人的假定。

然而，我们在网上所发现的集聚现象，并不意味着因特网只是以通常方式支撑着政治。我一开始曾考察在迪恩总统竞选中因特网的作用，这一章则来看看博客的兴起——美国政治的另一领域，在其中因特网带来了引人注目的变化。

网页部落格或博客——第一人称、频繁更新的在线日志，按照逆时间顺序显示——是政治版图上的新事物。这些线上日志在2000

年大选周期中几乎默默无闻，到 2004 年时则获得了数以百万计的读者并且在传统媒体上赢得了广泛报道。大多数人以为博客正在赋予普通公民以力量，扩展着社会和意识形态中面向受众的意见之多样性。"普通"公民通过写博客一跃升天的故事一再被报道。有人甚至指出，写作博客和"公民新闻（citizen journalism）"将会取代"精英的"或"旧式的"媒体。

103　　这一章首先考察美国人读博客、开博客的新近数据，然后探究博客是否正在重塑着政治交流。无论是对博客的赞颂还是谴责，都以关于"谁在读博客、谁在写博客"的广泛共同信念为基础。

　　这些信念中有很多是错误的。本章的最后一部分，对取得了相当数量受众的那些博主，我采集了系统性的数据。博主们的情况很难符合那些为他们建构起来的叙述。尽管数以百万计的美国人现在开了博客，但只有几十个政治博主得到如同一个典型的大学校报那样多的读者。然而，问题不仅在于有分量的意见平台（voices）的数量之少，还在于这些意见平台极其不代表广大的选民。

　　某种程度上讲，正是因为博客具有强烈的个人属性，所以共在网络话语方面以及在弄清谁的表达有分量方面，展示了一种重要的案例研究。归根结底，博客让一小群教育的、专业的和技术上的精英在美国政治中产生了新的影响。博客的所作所为，还远没有达到放大普通公民的政治表达的地步。

博客成就非凡

　　在 2000 年和 2004 年大选之间媒体环境的所有变化中，博客的增长属于最大的变化。2000 年末，几乎没几个美国人听说过博客一词。而到 2004 年大选周期结束时，政治性博客写作中的那些讨论就不容忽视了。

如果我们想要理解博客对 2004 年竞选的影响，那么考察大选之后进行的全国调查是一个始点。2004 年 11 月，皮尤互联网与美国生活项目实施了两项全国性的电话调查（参见 Ranie 2005）；而盖洛普（Gallup）2005 年 2 月实施了另一项全国调查（参见 Saad 2005）。根据皮尤调查的数据，在大约 1.2 亿美国网民中有 7%——或总计 800 万人——自己开了博客。27% 的因特网用户声称阅读博客，形成了3200 万博客读者。盖洛普同样发现，有 15% 的公众至少每月浏览几次博客；这其中有 12% 经常阅读政治博客。

与传统媒体渠道例如报纸和电视新闻相比，博客仍然只是在利基领域的主导者（niche players）。2% 的盖洛普受访者每天访问政治博客，另外有 4% 是一周访问几次，略高于 6% 是每月访问几次；77% 从来不访问政治博客。皮尤调查的结果也类似：4% 的因特网用户声称在竞选期间"有规律"地阅读政治博客；另外，有 5% 声称他们"有时"阅读政治博客。即使在因特网用户中，皮尤受访者有 62% 关于博客是什么没有"清晰概念"，盖洛普样本中则有 56% 对博客"完全不了解"。

此外，博客写作快速增长为一种发布形式，只是始于 2000 年和 2001 年。2002 年 6 月的一项皮尤调查发现，3% 的因特网用户是博主。到 2004 年初时，这一数字跃升到 5%，到 2004 年 11 月为 7%。博客读者群的增长则更加迅速。2003 年春时有 11% 的因特网用户声称阅读博客；到 2004 年 2 月这一数字为 17%。在 2004 年 11 月，27% 的因特网用户是博客读者——仅 9 个月就增长了 56%。当然，并非所有这些读者都关注政治博客。

2004 年大选之后，博客发布与博客读者数继续快速增长。2006 年 4 月进行的一项皮尤电话调查显示，8% 的因特网用户——1200 万美国成年人——开了博客（参见 Lenhart 和 Fox 2006）。令人震惊的是，有 39% 的因特网用户，或者说有 5700 万公民表示他们阅读博客。有 11% 的博主声称政治是他们在线日志的主要话题；如果这是精确数字，这一估算表明政治博客的数量约有 130 万个。

表 6.1　政治博客的访客性别

排名	博客	男性读者（%）
1	*每日科斯*	47%
2	Instapundit	59%
3	*Eschaton（Atrios）*	52%
4	米歇尔·马尔金	57%
5	*骗子和说谎者*	32%
6	小绿足球	89%
7	PowerLine	74%
8	RedState. org	68%
9	*Wonkette*	46%
10	安德鲁·苏利文	53%
11	*凯文·杜兰*	55%
12	*休米·休伊特*	80%

这张表显示了 2005 年 10 月 Hitwise 数据中一组顶级政治博客的访客性别情况。自由派博客以斜体标出。尽管我们可能已预料到保守派博客会有更多的男性读者，但差异的悬殊还是令人吃惊。

　　根据皮尤调查报告，博主中的男女差异尤其大；并且大约有一半年龄为 30 岁或更年轻。普遍而言，博主们比公众的受教育程度更高，样本中有 37% 获得学士学位。或许最重要的是，38% 的博主为知识型专业劳动者，而人口整体中这一比例只有 16%。

　　如果说皮尤和盖洛普数据展示了博客读者群的大致轮廓，那么Hitwise 数据则容许我们考察那些最具人气政治博客的读者们的人群统计特征。表 6.1 显示，在自由派和保守派博客之间有一个性别鸿沟。这一列表上名列前端的自由派博客的读者群中男性比例在32%～55% 之间，而保守派博客的读者群则有 53%～89% 是男性。Hitwise 数据还显示博客读者中的年龄差异。对于这些博客中的每一个而言，它们三分之二到五分之四的读者是在 35 岁及以上。表 6.2 105 详细展示了这些结果。第四章曾指出，访问政治网站的主要是年龄较大的用户。尽管相较于其他类型的政治博客来说，年轻人似乎更可能访问此处这些博客，但是平均来说这里的博客读者有一半还是来自 45 岁及以上。

表 6.2　政治博客的访客年龄

排名	博客	18～34	35～44	45～54	55 +
1	每日科斯	34%	13%	29%	24%
2	Instapundit	29%	22%	20%	29%
3	Eschaton（Atrios）	26%	29%	31%	14%
4	米歇尔·马尔金	19%	29%	19%	33%
5	骗子和说谎者	29%	16%	30%	26%
6	小绿足球	26%	22%	20%	32%
7	PowerLine	21%	16%	24%	40%

续表

排名	博客	18～34	35～44	45～54	55＋
8	RedState. org	29%	26%	26%	20%
9	Wonkette	28%	19%	41%	12%
10	安德鲁·苏利文	31%	34%	12%	13%
11	凯文·杜兰	22%	24%	23%	30%
12	休米·休伊特	31%	23%	25%	21%
	平均	27%	23%	25%	25%

这张表显示了 2005 年 10 月 Hitwise 数据中优秀政治博客访客年龄的情况。由于四舍五入，每一行加起来并不确切为 100%。这里的关键发现在于，博客读者并不局限于青年人。平均而言，这些博客的半数读者来自 45 岁及以上。

因此，整体的图景表明，博客是媒体环境中较小却快速增长的一个部分。在博客作者和一般公众之间有一些重要的差异。但正如我们将会看到的，博主与广大公众之间的差别，相比于有着大量受众的几十位政治博主与那些受众寥寥的几十万博主之间的差距，就不值一提了。

博主与媒体

博客是新颖的事物，因而学界还很少发表关于其政治意义的研究。那些考察博客的学者们聚焦于一些一贯性的主题。有些人关注两个基本问题：博客重要么？如果重要，那么有多重要？答案似乎为"重要"，因为那些顶级博客能抵达（reach）少数很有影响力的受

106

众，并且权威见解也向上渗透到这些顶级表达渠道这里（参见 Drezner 和 Farrell 2004a；Bloom 和 Kernel 2003；Benkler 2006）。另一些人则考察博客让政治内容生产更为民主化的能力（Chadwick 2006），以及这一点对于真理论断（truth claims）与信用认知（perceptions of credibility）的意义（Johnson 和 Kaye 2004；Matheson 2004）。拉达·阿达米克（Lada Adamic）与娜塔利·格兰斯（Natalie Glance）的研究也考察了政治博客之间的链接模式；除此之外，阿达米克和格兰斯还发现，自由派－保守派的相互链接水平要远高于前面详述过的那些流量模式中所见的水平。

关于博客的学术研究相对不足，这一现象为大众媒体中喧闹的讨论所平衡。对博客兴趣的激增，反映于主要报纸上关于博客的报道的数量（表 6.3）。Lexis－Nexis 数据库最早提及博客是在 1999 年。而整个 2000 年，只有 9 处提及博客，提到其作为在线日志的现实意义。2001 年，通过 Blogger. com 这类公司的努力，博客写作工具对于公众来说变得更为广泛地触手可及；很多对博客的早期报道聚焦于它们的社会意义。不过，对博客的新闻报道的真正暴增，是由政治所激发起来。2003 年，当迪恩的反常性竞选活动突然成功时，博客被给予了高度的评价。107

表 6.3　报纸上对博客报道的数量

年份	报纸报道的数量
1999	3
2000	9
2001	209
2002	408

年份	报纸报道的数量
2003	1442
2004	3212

这张表展示了主要报纸上涉及"网页博客"或"博客"的报道的数量（在1999和2000年数据中一些以英语俚语方式提及博客的报道则被忽略了）。数据来源：Lexis – Nexis。

要弄清博客与政治的关系，就有必要对媒体报道中关于博客的预期进行分类整理（cataloging）。一定程度上，这是去更广泛地了解关于博客的那些断言，而不仅仅是基于少数学术文章之所见。不过，另外一些理由要更加基础。学者们强调，因为公共话语至关重要，所以博客意义非凡。如果确实如此，那么就很值得将关于博客写作的公共讨论中的那些主要观点进行分类整理。

因此，这一部分就要考察在报纸和期刊上关于政治博客的那些断言。幸亏有电子索引，很多这样的文字才容易被找到。本章彻底筛查了1999年（那时"博客"一词刚被发明）到2004年底 Lexis – Nexis 数据库中*所有*提及博客与政治两词的任何形式的文章。总计起来，我考察了主要报纸上300多篇的新闻文章，以及杂志与期刊上的150多篇文章。纸媒上关于博客的讨论非常一致，总是一次又一次地回到相同的主题与兴趣。

"普通公民"

关于博客在公共话语中的作用，核心的观点是说它们放大了普通公民的政治表达。几乎所有关于博客的论述都对其进行了探讨。通常来说，态度都是积极乐观的："你，也可以，在博客领地上表达

108

意见"（Campbell 2002）；"（博客）使得任何有想法的人能够被听见"
（Megna 2002）。《华盛顿邮报》解释道："当你有了个理论或者有了个
关心的话题，（你可以）将它发表在博客上，你就能告诉整个世界"
（McCarthy 2004）。这种对博客的看法，通常契合于一种更大的网络赋
权（internet empowerment）概念："（博客）让任何有想法的人有能力立
即并且同时去触及数百万人"（Bartlett 2003）。

关于博客的这些论断非常标准化，以至于产生了自己的体裁
（genre），后者或可称之为乔式普通博主（Joe Average Blogger）风格。这
类文章一般先制造一个最普通类型的公民，表明其没什么政治影响
力的那些个人特征会被强调突出，例如作为青少年或者蓝领职业者。
其寓意是一种政治赋权（political empowerment）：某个公民是由于他或
她的博客，而忽然在政治舞台上有了发言权。我们可以见到这类体
裁的无数例子（参见，例如 Weiss 2003；Falcone 2003；Kessler 2004；McCar-
thy 2004）。

这些乐观主义的叙述并非完全未曾遇到挑战。有新闻报道指出，
"某些怀疑论者质疑是否每一个支持者一闪而过的念头都值得拥有一
个公共平台"（Weiss 2003）。另外一些人则取笑博主们，当博主们一
字一句地写出他们午饭吃了什么时（Hartlaub 2004a）。诚如某位记者所
言："普通人无偿地写下对他们自己重要的事情，这或许意味着信息
版图上的一种关键变化；但它也可以是令人头晕目眩地毫无意义"
（MacIntyre 2004）。

此外，少数人强烈地认为博客正在让政治话语更少排他性（less
exclusive）。正如微软全国广播公司（MSNBC）的一位执行制片人所说：
"它使得一些别样的声音和观点进入了媒体所形成的密闭空间"
（Campbell 2002）。博客被欢呼为"一种崭新的交互式文化的前驱，将

会改变民主运作的方式，把选民转变为积极的参与者而不再是被动的消费者，把传统媒体限制在守门人的角色，并且给予普通选民以无与伦比的影响力"（Weiss 2003）。一位博主在《洛杉矶时报》上评论道："博主们就是要提供更多的观点，就是要以可信的和个人的形式提供那些观点"（Stone 2004）。

博客空间的多样性因此被视为理所当然。这一新形式的政治表达是"美妙的即席发言式的"，并且"其所横跨的信念与兴趣光谱和互联网本身一样多样化"（Stone 2004）。由于博主们就是普通公民，109 "所容允的意见范围将会扩张，不被传统媒体精英的偏见、品味和兴趣所限制"（Last 2002）。

博客重要么？洛特、迪恩以及拉瑟

从流行的媒体报道来看，博客是网络政治的第二次生命——因特网将政治权力重新分配给了草根（或者如同许多博主自称的"网根[netroots]"）。这种观点不断被重复，尤其当博主们的文章似乎影响到了更广泛的政治关切时。无可争议的第一个案例来自某个不太可能的场合：一次生日聚会。参议院多数党领袖特伦特·洛特，在参议员斯特罗·瑟蒙德（Strom Thurmond）的百岁生日庆典上讲话时，提到洛特的所属州密西西比非常"自豪"在瑟蒙德 1948 年以种族隔离主义纲领竞选总统时投了他的票。洛特声称如果瑟蒙特当时赢了，"我们就不会多年来拥有所有这些问题。"洛特的那些讲话尽管是在 C – SPN 上直播发布的，但却被大多数新闻机构所忽视。博客由于没让这一议题隐没而备受称赞（参见例如 von Sternberg 2004）。保守派博主例如安德鲁·苏利文（Andrew Sullivan）和因斯特庞迪（Instapundit）的格伦·雷诺兹（Glenn Reynolds），谴责洛特的评论；自由派博主例如约书亚·麦克·马歇尔（Joshua Micah Marshall）和阿特利奥斯（Atrios），高亮标注出洛特以前那些看起来赞成种族隔离的讲话。在接下来那个星期的早些时候，当洛特作出了一个淡漠的道歉时，媒体报道立即像瀑布般倾泻而下，最终迫使洛特辞去了其多数党领袖职位。关于博客在洛特引咎辞职中的作用，相关的评估至今仍有争议。[1]

政治博客也因在 2004 年选举周期的网上竞选中有着关键作用而受到称许。海量的文章强调了博客在迪恩的网络成就中的重要性（参见例如 Baker，Green 和 Hof 2004）。博主们被视作国会候选人新的资金来源（Faler 2004b；Lillkvist 2004；Martinez 2004）。在 2004 年民主党全国代表大会上，民主党决定给 36 位博主颁发媒体证书，这被宣布为一个"分水岭"（Perrone 2004），并且被广泛报道。[2]

但是，就博客空间赢得其声誉而言，最首要的事件是被某些博主谴责为"拉瑟门（Rathergate）"的丑闻。2004 年 9 月 28 日，CBS 新闻播出了一则有关乔治·W. 布什越战时期在空军国民警卫队服役时的报道。CBS 声称发现了一些表明布什没有履行其军事职责的文档材料。当天深夜，自由共和国（FreeRepublic.com）——一家右翼论

〔1〕 此后，一个流行的见解这样总结道："（博客）以前从未像它们在特伦特·洛特传奇中那样，成为一个故事"（Fasoldt 2003）；知名博主 Markos Moulitsas Zuniga 同样宣称："我认识到我们有影响力的时刻，正是在我们让特伦特·洛特被解雇的时刻"（Nevius 2004；也可参见 Smolkin 2004；Kornblum 2003）。政治学者 Joel Bloom（2003）指出，正是博主们对这一议题持续的报道，将其从一个被忽略了的故事转变为一个首页议题。Daniel Drezner 和 Henry Farrell（2004a）也认为博客在洛特事件中拥有关键性的作用，他们断言正是新闻界的读者群让博客成为主流媒体报道的重要推动力（也可参见 Ashbee 2003）。然而，另外一些学者则要审慎得多。Esther Scott 总结道："如果不是《华盛顿邮报》和 ABC 新闻在事件 36 小时内报道了这一故事，那么就很难评判这一故事从博客——不同于其他的网络信息源，例如（ABC 新闻）的《记录》节目——到主流媒体的路程能行进多远（2004，23）。"博主 Kevin Drum 因在洛特事件上起着重要作用而备受称赞，他最后也支持一种类似的结论。Drum 说道（2005）："我想，博客在特伦特·洛特事件中发挥了作用，但并不如我们所以为的那么重大。"

〔2〕 参见例如 Hartlaub 2004a；Perrone 2004；Halloran 2004；Memmott 2004。

坛——的某位匿名用户发帖指出，CBS 的材料不可能来自 1970 年代早期的打字机。第二天早上，电力线（Power Line）——流量排名第二的保守派博客——链接指向了这个帖子；查尔斯·约翰逊（Charles Johnson）——第三大保守派博客的所有人——很快发布了以微软Word 方式键入的文档材料，指称其与前述争议文档相符合。很多传统媒体的报道紧随而至，而 CBS 最终承认不能确认那些文档的真实性。几个月后，丹·拉瑟（Dan Rather）宣布辞去 CBS 新闻主播职务。

在随后的媒体事件分析中，博主们被认为在事件中担当了主要角色。《纽约时报》头条宣称："毋庸置疑：博客是主要的玩家"（Wallsten 2004b）。根据许多人的看法，拉瑟事件向主流媒体提出了警告：广泛的博主关系网起到了"真相究诘队（truth squad）"的作用，善于"再审查和回击主流媒体"（Web of Politics 2004；Seper 2004b）。政治学者丹尼尔·志兹勒解释道："一些博客追踪事件真相——这就好像点燃了火苗。然后主流媒体的记者们扛起了重任。这是共生性极强的关系"（转引自 von Sternberg 2004）。甚至，最为底层的网络活跃分子也可能引发一种瀑布般倾泻而下的力量，足以扳倒一位全国性的政治领袖。正如一位民主党激进人士宣称的："周四关于这一文档的报道令人惊奇，在不到 12 小时的时间内，从右翼疯子们的堡垒——自由共和国（上面的评论），到德拉吉报道和主流媒体"（Wallsten 2004b）。

总而言之，迪恩竞选以及洛特和拉瑟的辞职，使很多怀疑论者相信，博客值得关注。一位时事评论员提到："我曾怀疑过网络博客……（但是）我深刻地转变了想法"（Taube 2004）。于是接下来有人认为，博客"以不同于电台谈话节目的方式"设置着其他媒体的议程（Fasoldt 2003）。博客容许"议题和意见……在公众脑海中保持数

月之久"（Seper 2004a）。尽管大部分普通公众并不阅读博客，但那些
阅读博客的公众却属于最具影响力的公民。诚如《华盛顿邮报》所
总结的，博客读者"往往是白人、受过良好教育，并且相应地在他
们的社交圈子中是意见领袖"（Faler 2004a）。各式各样的政治精英们
——从保罗·克鲁格曼（Paul Krugman）这样的意见记者，到一些政治
营销人士（political operatives），比如前克林顿顾问西蒙·罗森伯格
（Simmon Rosenberg）和迪恩竞选经理人乔·特里皮——都明确表示他
们自己沉溺于博客（Scott 2004；Morse 2004；Trippi 2005）。

党派性与不严谨

到 2004 年大选周期结束时，大多数的公共讨论理所当然地认
为，博客已经成为政治版图中关键性的一部分。关于博客如何行使
政治影响力，同样也大都意见一致：通过设置更广泛的媒体议程，
以及影响意见领袖和（尤其）新闻记者这样的精英受众。不过，对
博客写作的政治话语意义的关切，也不安分地伴随着对博客不以为
然的态度。一次又一次地，新闻记者们声称博客有两大关键败笔。
首先，他们提出，博客是哗众取宠和不严谨的。其次，他们指出，
博客的党派属性毒害了公共讨论。很大程度上这些批评，依赖于对
博主背景情况的假定。

博主们的污言秽语和明显的不严谨招致许多刻薄之辞。当博主
们在民主党全国代表大会上成为受信任的新闻工作者时，有家报纸
发表社论说："要是明智的话，他们就应开始在严谨性上付出更多的
额外努力"（BlogHopping 2004）。有位记者宣称，博主们"就像是掌握
在 19 岁孩子手里的美国有线电视（C - SPAN）"（Wood 2004）。《美国展
望》（*American Prospect*）的娜塔莎·柏格（Natasha Berger）指责"不断强

112 大的博客世界中严肃的质量管理问题"（转引自 Seipp 2002）。对于某些人来说，博客鼓励着更加粗鄙的语言。"政治博客从网络的原始泥浆中爬出来……博主们——通常为党徒——能够肆意发挥着新闻，直到它们令人目眩，脱离了某个编辑和真相的约束"（Manuel 2004）。在一个经常被引用的评论中，乔纳森·克莱恩（随后的 CNN 总裁）宣称，"一方面是（网络新闻机构）的多重检查与制衡，另一方面是穿着睡衣坐在自家客厅写作的某个家伙，再没有比这两者之间更强烈的反差"（Colford 2004）。

博主们也许可以在 CBS 的报道中发现漏洞，但是一旦博主们没有达到新闻职业标准，记者们也会迅速反扑。当德拉吉报道声称约翰·克里有婚外情时，这些说辞迅速流向了 Wonkette. com 和其他博客（Smolkin 2004）。[3] 许多博客还炮制了关于克里军事记录的谣言，并且——极其丢脸地——为主流媒体所获得（von Sternberg 2004）。[4] 同样，2004 年大选那天，几位顶级博客作者提早——并且是误导性地——贴出了出口民调（exit poll）结果，显示似乎克里已取得胜利（Horn 2004；Hartlaub 2004b）。出口民调事件之后，博主安娜·玛丽·考克斯（Ana Marie Cox）评论道："突如其来地，博客又回到了穿着睡衣的业余爱好者的地步"（转引自 Bishop 2004）。

与对博客严谨性的关切紧密相连的，是担心它们的党派性。正如《纽约时报》的一篇文章所明确阐明的，这正是"博客的本性

〔3〕 在克里与所涉女子都否认有任何关系之后，主流新闻机构很大程度上放弃了这一话题。

〔4〕 来自 Wonkette 的一个链接在涉及几个选举结果的同时，还曝光了 Jessica Cutler 的故事。她作为一名国会工作人员，开了一个匿名博客，详细描述她在国会山的性出轨行为，包括其所声称的与一名已婚的布什的行政官员有染（Rosen 2004）。这件丑闻之后，Cutler 的身份被曝光，她被从其职位上开除，获得了一份写书合同，并且最终以在《花花公子》杂志裸体出境收场。

——滔滔不绝、没完没了"（Williams 2004）。很多人指出"赋予通常具有党派性的博主以更加主流的新闻记者的特权，这是一种危险的错误"（Yeager 2004）。《华盛顿邮报》专栏作家罗伯特·J. 萨缪尔森（Robert J. Samuelson，2004）将博客讥讽为"新闻行业的快餐食品"，并且指出博客使新闻变得"更加有选择性和有倾向性"。一位编委成员同样担忧，"由于你的阅读习惯，你也许就接近不了真相，而只拥有一大把符合你观点的意见"（Seper 2004a）。

那么你想成为博主？

113

流行的博客报道，一直体现着关于博客在美国政治中如何和为什么重要的一贯叙述。这些描述的核心观念在于，博客写作正在让政治话语变得排他性更低（less exclusive），赋予普通公民以一种扩展了的政治表达。对博客的那些批评不过是这类主张的一种镜像。在批评的意见看来，博客太民主了：它赋予不具备资格者和平庸之辈以权力，让他们践踏严谨性与客观性的规范，并且将受过训练的专业活动替代为党派揞架。

从技术的观点看，博客写作确实使得一大群公民能在公共空间传播他们的意见。然而，更加重要的问题并不在于谁在博客中发布内容，而在于谁实际上可以被听到。这一章余下的部分聚焦于这样一个问题：在博客空间中谁**确实**被听到了？首先，有多少政治博主成功地号召起中等以上水平的受众？其次，这群成功博主的特征是什么？

上流社会？

第三章和第五章曾指出，网上的政治群落有着高度偏态化的
（skewed）的链接与流量分布，而同一模式也适用于政治性博客。
N. Z. 贝尔（N. Z. Bear）的博客空间生态项目追踪了5000个被最广泛
阅读的博客，数据汇编自许多博主（尽管不是全部）所使用的
SiteMeter 追踪服务（Bear 2004）。这一清单上最有人气的博客每天获
得几十万次访问，而最没人气的每天获得10名访客。2005年3月
初，最具人气的博客网站——马科斯·莫利沙士·苏尼卡（Markos
Moulitsas Zuniga）的每日科斯（DailyKos. com）——自己就占到了样本中
所有博客流量的10%。名列前五的博客加起来占到了博客流量的
28%；名列前十的博客占到48%。所有每日有着超过2000次访问的
站点——下面更广泛的调查所使用的标准——获得了样本流量的
74%。

人们通常认为，博客空间的表达是高度个人化的。那么，我们
从最有人气的优秀博主开始考察。以下是前10位受众最多的政治博
主的简况，排名所根据的是贝尔的流量数据，截至2004年12月初。
那些未使用 SiteMeter 去追踪其站点访客的博主没有包含在此排名中。
尽管前10位的排名一直相当稳定，但是这一列表仍然应被视为一个
快照（snapshot），而不是一份权威目录。

（1）马科斯·莫利沙士·苏尼卡，一名32岁的法律人
和民主政治顾问，每日科斯（Daily Kos）的所有者，这是世
界上流量最大的政治博客。他毕业于北伊利诺伊大学，获
得新闻学学位，在校期间编辑过校园报纸。他从波士顿大

学获得了法学学位。作为希腊和萨尔瓦多的混血，莫利沙士童年有部分时间在萨尔瓦多共和国待过，并且在美军中服过 3 年兵役。莫利沙士现居住在加利福尼亚的伯克利（Berkeley）。

（2）田纳西大学法学教授格伦·雷诺兹（Glenn Reynolds），44 岁，保守派站点因斯特庞迪（Instapundit）的创始人。雷诺兹成长为"象牙塔里的天之骄子"，并且在回到田纳西之前在达拉斯、剑桥和海德堡居住过（Geras 2004）。他是田纳西大学的文学学士，耶鲁大学的法学博士（JD）。雷诺兹现住在田纳西的诺克斯维尔（Knoxville）。

（3）Eschaton（末世）博客由阿特利奥斯（Atrios）——邓肯·布莱克（Duncan Black）的笔名——所发布，他 32 岁，以前是一名经济学教授。布莱克从布朗大学获得经济学博士学位，曾在伦敦经济学院、加州大学欧文分校和布林莫尔学院有过研究或教学职位。在博客写作之前，布莱克对草根运动有着丰富经验。目前，他是美国媒体事务协会（Media Matters for America）的高级研究员，这是一个左倾的媒体监督机构。他现居住在费城市中心。

（4）查尔斯·约翰逊，51 岁，网页设计师，以前是专业的爵士乐吉他手，他创建了保守派博客小绿足球（Little Green Footballs，LGF）。在其爵士乐生涯（包括有几次出现在畅销榜中）之后，约翰逊创建了 CodeHead 软件公司。后来他和他的兄弟创办了一个网页设计公司；起初的 LGF 博客是这一公司设计工作的测试平台。约翰逊目前居住在洛杉矶。

（5）35 岁的约书亚·麦克·马歇尔，一名职业记者，运行着自由派博客谈资备忘录（TalkingPointsMemo.com）。马歇尔从普林斯顿大学取得学士学位，从布朗大学获得早期美国史方面的博士学位。他担任《美国展望》的编辑，并且还为聚焦于华府的出版物写稿，例如《华盛顿月刊》和《国会山报》（*The Hill*）。在这项调查进行的时候，马歇尔居住在华盛顿特区；那之后他搬到了纽约。

（6）截至 2004 年 12 月，在 SiteMeter 前十的名单中，唯一的女博主是 31 岁的安娜·玛丽·考克斯。她曾就读芝加哥大学和德州大学奥斯汀分校，硕士阶段就读于加州大学伯克利分校。在因特网繁荣兴起时，考克斯是有影响力的网络杂志 Suck.com 的执行编辑；后来她为《美国展望》、《琼斯母亲》（*Mother Jones*）和《高等教育纪事》（*Chronicle of Higher Education*）担任者和编辑。Wonkette 博客的实际所有者是尼克·丹顿（Nick Denton），他是 BlogAds 的创始人之一，后者是一家博客广告服务商。考克斯现在居住于华盛顿特区近郊。

（7）电力线（PowerLine），右翼博客，由达特茅斯（Dartmouth）三位本科校友——约翰·欣德雷克（John Hinderaker）、史葛·约翰逊（Scott Johnson）和保罗·米伦戈夫（Paul Mirengoff）——所运营。这三位都是法律人（lawyers）：欣德雷克从哈佛法学院获得法学博士学位（JD），而约翰逊是从明尼苏达大学，米伦戈夫从斯坦福大学。在写作博客之前，欣德雷克和约翰逊已经一起写过 10 多年的政治评论。欣德雷克和约翰逊居住在明尼阿波利斯（Minneapolis）圣保罗区，而米伦戈夫居住在华盛顿特区。

（8）46 岁的凯文·德拉姆（Kevin Drum），曾经的软件咨询顾问和技术高管，是另一位卓越的博主。德拉姆的父亲曾是加利福尼亚州立大学长滩分校的一名言语交际（Speech Cmmunications）方面的教授，而他的母亲曾从事小学"英才"项目。德拉姆的大学生涯始于加州理工学院的数学专业，但后来转到加州大学长滩分校，在那里他编辑学校的校报并且以新闻学专业毕业。他最近的企业职位是一家软件公司营销部门的副主管，后来做了几年的软件咨询顾问。2002 年 8 月，德拉姆创建了 Calpundit 博客。2004 年初，《华盛顿月刊》聘请德拉姆将他的博客转移到了全新改版的网站上。他居住在加利福尼亚的橘子郡。

（9）安德鲁·苏利文，42 岁，《新共和》（*New Republic*）杂志的前主编。苏利文为多家刊物撰稿，包括《星期日泰晤士报》（伦敦）与《纽约时报》。他出生于南英格兰，本科就读于牛津大学，在校期间，他是著名的牛津联盟辩论协会的主席。他从哈佛大学政府系获得公共管理硕士与博士学位。苏利文现居住在华盛顿特区。

116

（10）休米·休伊特（Hugh Hewitt），查普曼大学（Chapman University）的法学教授，并且还是全国联合电台的一位主播，运营着 HughHewitt. com。休伊特在《生活与时代》（*Life and Times*）担任联合主持人的十年间获得过三次艾美奖。该节目是一档晚间的新闻与公共事务节目，由洛杉矶的 PBS 下属公共电视台（KCET）所主办。他出版过几部著作。休伊特毕业于哈佛学院，然后从哈佛法学院获得法学博士学位（JD）。

如果我们想了解博客如何改变了政治表达，可以先问问，如果没有博客，这些现在非常公众性（now - very - public）的人物将会在哪里。短时间就可以容易地推出另外的事实：在一个没有博客的世界中，德拉姆可能仍然做他的软件咨询顾问工作；查尔斯·约翰逊只是另一个在洛杉矶的网页设计师。博客给了一些人绝佳的平台，如果没有这样的平台，他们的政治写作可能仅限于写给编辑的几封读者来信。然而从宽泛的视角看来，博客显得远不那么便利近人。苏利文和休伊特，在写博客很久之前就已经是公众人物了。

这10名顶级博主迫使我们重新考虑博主们是否缺少传统新闻工作者的训练与规范。实际上，这10人中有5位——马歇尔、考克斯、德拉姆、苏利文和休伊特——目前或曾经是传统新闻机构的职业新闻工作者。[5] 对于那些继续做新闻工作的人而言，有证据表明，他们的老板们要求他们对在个人网站上所写的东西负责。例如，苏利文声称，他在其博客上批评了《纽约时报》总编豪厄尔·雷恩斯之后，他为《纽约时代杂志》（New York Times Magazine）写稿的工作就黄了。[6]

如果这些博主关于政治和政策方面的意见不同，那么并不是由于他们的背景出身迥异。所有这些顶级博主都是白人；莫利沙士，作为希腊与拉丁的混血，是唯一可商榷的例外。性别多样性的图景也不那么令人乐观。在这项调查进行的时候，考克斯是这群顶级博

117

〔5〕 尽管不太清楚德拉姆是否自认为是一名新闻工作者，但毫无疑问的是他目前被一家传统媒体机构所聘用。

〔6〕 到本书撰写时，苏利文已为《大西洋月刊》所聘用，并且将其博客转到了它的网站上。

主中唯一的女性。

不过，这群博主最引人注目的特征或许是其受教育程度。这10个顶级博客中有8个是由上过精英高等教育机构——常春藤联盟学校或者有着类似水准的学校，例如加州理工学院、斯坦福大学或芝加哥大学——的人士所掌管。而且这10个顶级博客中有7个是由有着法学博士或博士学位的人士所掌管——例外之一是考克斯，她硕士毕业于伯克利并且为《高等教育纪事》作编辑。10位博主中至少有3位——马歇尔、雷诺兹和德拉姆——是学院子弟。

所有这些就提出了这样的问题，博主们和被许多博主所嘲讽称谓的"精英媒体"有多大不同？像传统新闻行业一样，博客流量也集聚于少数的信息出口。许多博客由新闻记者或者由那些有着新闻记者训练的人士所运营。而无论是否新闻记者，所有这10位顶级博主都拥有将他们区别于普通公民的各种优势条件。政治顾问与耶鲁毕业的法律人，传统上在政治权力的中心并非代表性不足。即使是那些此前与新闻和政治联系最少的人士——德拉姆和查尔斯·约翰逊——也拥有着超出常人的技术知识和运营经验。企业主和高管在美国政治传统中也并非代表性不足的阶层。

当然，这十名顶级博主相对精英化的社会背景，还不足以让我们得出结论。这些博主中有许多人并不同意说他们代表了公民中的特权群体。莫利沙士、休伊特和雷诺兹都写了赞颂网根（netroots）力量的书，标题为"闯入门庭（*Crashing the Gates*）"和"小大卫之军（*An Army of Davids*）"。博主们经常强调博客空间中信息的共同生产；经常谈及在博额这样的生态系统中，大型博客和小型博客都各得其所。博客之间相互链接的便捷，加上博主们相互承认彼此之工作的那种行事准则，在理论上就意味着任何人都可以指出他人所忽视了的见解。

博客读者聚焦于那些少数的并不代表普通公众的博主，这其中固有的精英主义或许某种程度上被博客写作的文化给缓解了。但是，博客文化的开放性所能取得的成就，仍然是有局限的。顶级博主们或许比普通公民阅读了更多的博客，但他们的阅读习惯同样也可能偏重于那些人气博客。如果这 10 位顶级博主——他们为博客空间的其余部分起着过滤器的作用——出身于相对精英化的背景，那么第二和第三层级的博主们又是什么情况呢？如果我们准备严肃对待关于网络讨论的那种向上渗透理论（trickle up theory），那么我们就需要了解这些观念是从谁那里渗透上来的。我们需要系统地了解更宽幅面的博客群落。

博主背景普查

为了回答其中的一部分问题，我进行了一项顶级博主普查，将可公开获取的人物传记信息与通过 e – mail 分发的简短调查结合起来。关于 2004 年大选的大量事后分析宣称，这正是博客作为政治力量登上舞台的一个选举周期。以 2004 年 12 月初的平均流量作为基准，我尝试收集平均每日[7] 有超过 2000 名访客的所有政治博客的信息。[8] 这一博客清单来自 N. Z. 贝尔的博客空间生态项目，后者的数据收集自 SiteMeter 追踪服务。有 87 个博客具备这一最低的流量水

〔7〕 原文为"每周"，根据下文信息改正为"每日"。——译者注
〔8〕 我们期望，大选之后一个月，流量数据可能会接近正常水平。对于那些在大选冲刺阶段获得高度曝光的博客来说，2004 年 12 月的数据也可以显示出，增加的曝光是否转换成了更高的日常读者数。

平；我得以收集这 87 位博客发布者中 75 位的详细背景资料。[9]

对政治博主的背景普查，当然存在着样本规模问题。关注幂律曲线中的顶级部分，即关注获得大多数博客流量的那些站点，这是非常合理的；但要确定在博客排名榜中还需要向下探究多远，那就是一个判断力的问题了。选择每日 2000 名访客这一截点，有着理论和实践上的考虑。从大众政治的视角来说，每日 2000 名访客似乎超过了收益递减（diminishing returns）之点。如果选择另外一节点——例如每日 1000 名读者——可能会使得被调查博客的数量翻倍，但是所增加的博客读者加总起来也仍少于每日科斯（DailyKos）或者因斯特庞迪（Instapundit）的读者数。与此同时，将普查限制在 87 个博客，也就容许这一调查由单个的研究者去进行。

由于博客流量并非固定不变，所以这一调查应被看作是某个移动目标的典型快照（snapshot）。有许多短期因素，例如来自某个著名博客的链接，会影响一个博客在特定某天或某周的流量。几个星期之后再考察这些博客，就可能因此会产生一个略有不同的站点集作为样本，特别是对靠近 2000 名访客截点的那些博客而言。

这些顶级博主的信息以两种方式被收集。首先，尝试通过公共资源来找出他们的背景资料——借助 Lexis - Nexis 数据库、谷歌搜索来找出与个人姓名相关的新闻文章，以及由博主们自己所发布的传记或个人履历。例如，前 10 位博主的所有信息都收集自公共资源。在公共资料无法获取时，我们就发电子邮件请求博主们做一个关于他们社会背景、教育和职业经历的简短调查。

这一调查得以全然顺利进行，表明博主们是一个易于接近的群

---

〔9〕　贝尔博客生态项目所追踪的博客中那些不关注政治的博客，被排除在这一分析之外。

体。他们中的大部分都是礼貌的、友好的，并且热心于回应一位社会科学家的询问。如果考虑到他们之中多数人每天会收到大量电子邮件，就更能体会到博立们的这种特质。

与其他的政治话语领域不一样，博主们以假名或者只是以不带姓氏的名字来写作，是司空见惯的。在所研究的 87 个博客中，有 24 个属于这种类型。这些化名的博主被邀请做这一调查，但是也鼓励他们对于那些可能验证个人身份的细节不予回答或模糊处理。在没能回应我们调查请求的 10 个活跃博主中，只有两个是以真名写作。[10]

在总样本中，有 25 个博客的定期内容发布来自不止一个博主。这些博主之间的合作形式差别很大，从两个朋友合作运营站点，到由 10 个或更多撰稿人松散联合的团队。如果是有着多名撰稿人的博客，那么有着最多文章数的那个人就被请求做这一调查。

在 87 位博主中收集到 75 位博主的数据，这项调查的回应率（response rate）大大超越了平均水平，尽管这其中有许多博主的信息是收集自公共资源。然而，24 个假名博主中有 8 位——占总数三分之一——没能填写这一调查。正是对于这类博主，我所知甚少。

教　育

如果说，前面所介绍的那些明星博主都有着卓越的教育出身，那么我们普查中的这一更宽泛组别的博主同样如此。首先，所有调查对象中除两人之外都是大学毕业。这当然大大高于一般人口中的平均水平。更能反映问题的是，这些博主们所就读的本科与研究生

---

〔10〕 除了这 10 位博主之外，最初 87 个博客中有两个在这项调查进行的那几个星期内停止了内容更新。这些博主都没有回应我们的请求。

教育机构。这一调查请求博主们给出他们大学和研究生所就读的任何教育机构的名字。我基于这些数据来确定，博主们是否在其学业生涯的某个时刻上过一所精英教育机构。对精英教育机构的界定如下：

（1）2004 年《美国新闻与世界报道》大学调查中位列前 30 名的机构。这其中包括了所有常春藤联盟大学，许多其他享有盛誉的私立大学，以及一些顶尖的公共研究机构。样本中非常春藤联盟的高校，有斯坦福大学、芝加哥大学、莱斯大学（Rice University）、埃默理大学（Emory university）、密歇根大学以及加州大学伯克利分校等。

（2）在 2004 年《美国新闻与世界报道》排名中位列文理学院前 20 名的那些受到高度青睐的文理学院（liberal arts colleges）。样本中的例子包括威廉姆斯学院（Williams College）、斯沃斯莫尔学院（Swarthmore College）和克莱蒙特·麦肯纳学院（Claremont McKenna College）。

（3）美国军事院校，包括美国西点军校、安纳波利斯美国海军学院（U. S. Naval Academy at Annapolis）和美国空军学院，外加陆军指挥与参谋部学院（the Command and General Staff College）的研究生院。

在给出自己毕业院校名称的 67 个受访者中，有 43 个——大约 121 三分之二——至少上过一所精英教育机构。[11] 这些博主中的较大多数还拥有更高级的学位。75 位博主中有 46 位——占 61%——获得了硕士或博士学位（根据人口普查局 2002 年当期人口普查，9% 的美国成年人拥有研究生学位）。75 位受访博主中有 55 位，至少属于上述这两个类别之一。

---

〔11〕 所就读教育机构的具体名称，尤其可能会验明个人身份，因而许多假名的博主不愿披露这一信息。只要这些博主提供了足够信息，能判定他们所上学校的水准——例如表明是个常春藤盟校或者是个"标准的州立学校"——那么他们就会被包括在结果之中。否则，这些受访者就会被忽略掉。

这还不是全部。美国2.17亿成年人口中，有大约100万律师（lawyers）。然而，律师和法学博士（JD）在这些顶级博主中却占到了20%，包括了75位受访者中的15个。从博士学位和教授人数来考察也有类似的结果。这些顶级博主中12位拥有哲学博士学位（PhDs）或医学博士学位（MDs）——占总数的16%。19位博主，超过样本数的四分之一，目前或曾经是教授。这19人中有7位是法学教授，这使得法律学者在网上尤其显赫卓著。

从读者数来衡量教育背景，上述这些发现会显得更加引人注目。我们样本中三分之二的流量流向了有博士头衔——法学博士、哲学博士或医学博士——的那些博主。其他类型的媒体，没有哪个会驱使其如此大量的受众去访问如此高度受教育的那些个别人物。

博主们经常会被与传统的新闻记者（否定地）相比照。但是这两个群体如何能真正相比呢？有个数据指标来自美国报业编辑协会（American Society of Newspaper Editors）1996年的一项研究。根据美国报业编辑协会（1997），报业新闻记者中90%拥有学士学位，但只有18%的新闻记者拥有研究生学位。将我们的这一小簇精英博主，与有着广泛代表性的报业记者群体同日而语，或许不那么公平。不过，新闻记者们仍然经常将这两个群体相比较，而相较于报纸的读者群集聚于顶级记者的情况，博客流量更是集聚于那些顶级博主。

122

职业与技能背景

相比于大数新闻记者或大多数公众来说，顶级博主们受过更好的教育、毕业于更有声望的学校。毋庸置疑，这个群体在职场上也是高度成功的。

首先，许多博主本身就是新闻记者。我们样本中的75位博主有

16 位，或者说有 21%，要么是职业记者，要么是某个报纸或杂志的常驻作者。然而，这一占比还是低估了有新闻工作经验的博主数量。另有 14 位博主声称与新闻行业密切接触，有的是经常写新闻通稿的公共关系职业人员，有的曾经是校园记者或意见专栏作家。总之，差不多五分之二的人表明非常熟悉传统报道、杂志出版或者观点新闻（opinion journalism）。

许多博主既不是律师、教授，也不是在业界工作的新闻记者。那么，确实来自私人经济领域（private sector）的那些博主，他们做着什么工作呢？大多数博主似乎都是教育精英；那么在商业领域的那些博主也主要是商业精英么？

答案似乎是肯定的。这一调查尝试估量这些人是否拥有公司高级职位。如果博主们属于以下四类中的至少一类，那么就会被视作商业精英：

（1）拥有自己的或任职于某个企业董事会。

（2）受聘为副总裁及以上职位的企业高管。

（3）担任高级管理顾问的工作，作为独立咨询师或者作为麦肯西（MacKinsey）或波士顿咨询集团（Boston Consulting Group）这样著名的管理咨询公司的雇员。

（4）有其他证据表明其担任着高级战略管理角色的（样本中有一例是一位高级商业教授，他为多家财富 500 强的公司工作过）。

根据这些标准，我们样本中有 37%——73 位受访者中的 27 位——过去或现在是商业精英。因此，在博客空间所听到的来自私人领域的声音，并非来自办公室隔间的普通人（cubicle jockeys）或者服务行业的劳动者。他们绝大多数是企业主、高级主管和商业顾问。

最后，许多博主在计算机系统方面拥有专业知识。这项调查考 123

察以下类别的受访者人数：拥有计算机科学或电子工程学位者，拥有或曾经拥有主要依赖于其技术专业知识（从工程技术工作到网页设计、技术支持）的工作的人，或者那些从事科技记者工作的人。75 位受访者中有 30 位——占到样本的 39%——属于这三类人群之一。

　　毫无疑问，样本中几乎所有的博主都是各种类型的精英。超过三分之二是教育精英，要么拥有高级学位，要么就读过这个国家最著名的学校。非常高比例的博主是律师或者教授。许多人是精英媒体的成员，尽管精英媒体在博客空间经常受到批评。更大的一部分是商业精英，他们要么是企业主，要么是企业决策者。同样在博客空间有过多代表权的是技术精英，他们因技术工作而获得薪水。事实上，样本中只有一位受访者，既不是新闻记者，也不是技术的、教育的或者商业上的精英。

　　这些教育和职业方面的数据更广泛地显示出博主们所具有的专业性技能。通常，博主们是以写作为生的人。从教授到公共关系专家，从律师到说客，从小说作者到管理顾问、科技作家，博主中的大部分靠文字工作谋生。运营一个成功的政治博客，需要强大的分析能力、丰富的政治百科知识、开设与运营博客的必要技术能力，以及与纸媒记者相当的写作能力。没有哪个工厂的工人或门房，能跻身于博客空间排行的上层，这不是偶然的。

　　还有一重因素对有着专业背景的人士有利。运营一个世界级（world-class）的博客需要自由的时间和自主的日程安排。著名的易用性专家（usability expert）杰柯柏·尼尔森（Jakob Nielsen, 1999）提出"粘性（stickiness）"概念，即网站将偶然闯入的用户转换为经常性访客的能力。在他看来，站点粘性的最重要因素是其内容更新的频率。

就定义来看，顶级博客是所属类别中最具粘性的站点，它们几乎都是一天更新几次。频繁更新的需求，是博客写作的关键基础条件，而那些职位上不能满足此条件的博主，其读者数就会系统性地 124 衰减。没有哪个在温迪公司（Wendy's）[12] 做 10 小时一班次工作的人，能够在休息的间歇更新其博客。教授、律师和企业主通常没有直接的主管，没人为他们规定时间表。在博客空间，正如在雅典的广场上一样，致力于公共讨论的是那些有着社会自主性（social autonomy）的人士。

性别、种族和族群性

尽管几乎所有人都可以开博客，但是最广泛被阅读的博主却不是邻家的乔（Joes）。从几方面来看，这或许也是个好事。顶级博主需要具有广博的技能组合，而如果顶级博客确实由公众中的随便谁来写都可以，那么将很少有人去阅读它们。

然而，如果博主们是一个相当成功的、受过良好教育的群体，那么这一数据也显示出民主政治方面其他的潜在问题。首先，很少量的政治博客由女性来运营。除了管理 Wonkette 博客的考克斯（Cox）之外，所涉样本中只有另外四个博客的所有者为女性。杰尔琳·梅立特（Jeralyn Merritt），55 岁，作为全国著名的刑事辩护律师，运营着关于犯罪问题的博客 TalkLeft.com。安·阿尔特豪斯（Ann Althouse），52 岁，威斯康星大学麦迪逊分校的一位法学教授。贝特西·纽马克（Betsy Newmark），47 岁，来自北卡罗来纳州洛利市（Raleigh, North Carolina）的一名历史与公民课教师。最后，一个名为每日回收站（Daily Recycler）的博客，每日发布新闻事件的视频剪辑，显示其

---

〔12〕　美国第三大快餐连锁集团。——译者注

作者为"萨莉（Sally）"，她是居住在华盛顿州西雅图的一位女性。[13]
［米歇尔·麦尔金（Michelle Malkin），一名卓越的保守派联合专栏作家，如果她的博客为 SiteMeter 排名所收录，也应该被包括在这一组之中］。这些数字与传统新闻记者形成强烈对比。根据美国报业编辑协会（1997）的调查，37% 的新闻记者是女性；在 30 岁以下的记者中，性别比例完全持平。

如果说博客空间中女性表达的相对缺失从调查数据上看来较为明显，那么涉及种族和族群多样性的情况时，则至少是同样地引人注目。让我们考察一下奥利弗·威利斯（Oliver Willis）案例。27 岁的威利斯是一位住在华盛顿特区近郊的温和派民主党人士。在我们进行博主普查的时候，威利斯供职于美国媒体事务协会网络部，这是一家左倾的媒体监督机构，它同时（以或许更加慷慨的方式）也雇佣了博主阿特利奥斯（Atrios），后者另一重身份是前经济学教授邓肯·布莱克（Duncan Black）。根据贝尔的 SiteMeter 数据，在每天获得 2000 名以上访客的博主中，威利斯是唯一可确认的非裔美国人。在此项研究进行的那个星期中，威利斯平均每天获得差不多 4000 名访客，或者说还不到每日科斯所获流量的 2%。

其他种族和族群方面的少数群体，看起来在博客空间中尤其缺席。除了威利斯和莫利沙士（Moulitsas）之外，有一位笔名写作的博主确认自己为亚裔。对他的博客档案进行谷歌搜索，试图寻找与这一族群性相关的关键词，结果表明他这方面的特征并不为其读者所知。在我们的样本中，这些是仅有的可确认的来自有色族群的表达。

---

[13] 萨莉没有回应我们的电子邮件，并且似乎已停止更新其网站。

博主与时政专栏作者

博主经常被与传统的新闻记者相比较；但是如上所见，相较于典型的报纸记者，最具人气的博主们有着远远更加精英的社会与教育背景。如果我们想要理解博客如何影响着公共话语以及博客写作如何不同于以前的评论形式，那么新闻记者并不会提供最好的参照标准。一个更好的测度方法是，将我们的这群博主与那几十位时政专栏作者相比照，后者为这个国家最有声望的报纸写作。

和时政专栏作者一样，博主们从事于政治讨论与说服；除去少数例外情况，博主们并不经常致力于新闻报道。我们样本中有着传统媒体经验的博主，绝大多数是意见记者（opinion journalists）。顶级博客所吸引的受众，与精英报纸的意见专栏作者（opinion columnists）所吸引的受众，越来越具有可比性。根据 comScore MediaMetrix（康姆司高媒体矩阵）[14] 的统计，《纽约时报》网站在 2004 年 10 月获得了 1460 万的独立访客数，这个月份是总统选举的前一个月（New York Times Digital 2004）。据说，每日科斯在同一时期每月获得超 800 万的访客——如莫利沙士所言："这不是一份报纸。他们都跑来阅读我的文章，不是去阅读体育版"（转引自 Nevius 2004）。

时政专栏作者是非常公共性的人物，毫无例外，他们详细的生平资料只需要谷歌搜索即可获知。为了我们的研究，我考察了截至 126

---

〔14〕 comScore 公司是一家全球性互联网信息服务提供商，是美国知名的互联网统计公司、互联网流量跟踪分析公司和市场调研公司。MediaMetrix 是 comScore 公司的一项媒体受众分析业务。——译者注

2005 年 1 月 10 日且至少是两周一次地为《纽约时报》、《华尔街日报》、《华盛顿邮报》和《洛杉矶时报》写作的所有专栏所者。专栏作者的数量以及他们写作的频度，在四家报纸那里各有不同。《洛杉矶时报》有 4 位专栏作者，而在另一端的《华盛顿邮报》则有十多位定期的时政专栏写手；这四份出版物共有 30 位写手。这 30 位专栏作者被与顶级的 30 位博主相比照，后者的背景资料我能够全面掌握。

这些定期的时政专栏作者严格来说是精英中的精英。就其中相当多数的人而言，他们是精英教育机构的产物。他们清一色地是白人。某种程度上由于其职业特征，他们居住在主要的沿海城市中心。然而，这些专栏作者作为一个群体，在某些方面还比顶级博主们更加代表公众。相比于那些博主，这些专栏作者们**更多地**上过常春藤盟校。他们中有 14 位是常春藤盟校毕业生，而博主中只有 10 位。这种名校鸿沟特别体现在本科阶段。11 位专栏作者是从常春藤盟校取得的本科学位，而"只有" 6 位顶级博主是同样如此。

但如果我们目光不局限于常春藤盟校，而把斯坦福、加州理工、加州大学伯克利分校和斯沃斯莫尔学院也算作精英教育机构，那么所有教育方面的鸿沟就会逆转过来。根据前面使用过的标准——这个国家的 30 所顶级大学，以及 20 所顶级文理学院——则恰恰是博主们更胜一筹。时政专栏作者中有三分之二的人曾就读于至少一个精英教育机构；而博主们则有 73% 符合这一条件。不到一半的专栏作者，要么拥有某个更高的研究生学位，要么曾经历过研究生学习，与之相对应的是 70% 的博主符合这一情况。20% 的专栏作者获得了博士学位；而有超过一半的博主达到了这一成绩。

相比于美国社会的其他精英群体，博主们也显得相当优越。彼得·卡普利（Peter Cappelli）与莫妮卡·哈莫里（Monika Hamori）研究了财富 100 强企业中"C 字头"高管——首席执行官（CEO）、首席财务官（CFO）、首席运营官（COO）、首席技术官（CTO）以及部门主管与高级副总裁——的教育背景，发现这些高管中的 10% 拥有常春藤盟校的学士学位（Cappelli 和 Hamori 2004）。而我们样本的 75 位博主中，16% 拥有常春藤盟校本科学历。

　　这些发现让人深思：精英媒体一词究竟意味着什么？这些顶级博主的教育背景超越了专业的专栏作者，他们的读者数媲美于这个国家顶级专栏评论版面的读者数。不仅如此，博客空间已成功地再 127 造了传统专家霸权（punditocracy）的某些让人担忧的精英主义特征。

　　其中之一便是性别与族群多样性的不足。《纽约时报》时政专栏作者安娜·昆德兰（Anna Quindlen, 2006）在 1990 年评论说，大多数的专栏版面都只有"一个指标（quota of one）"的女性专栏作者。15 年之后，这些事实几乎没有什么改变。到 2005 年为止，莫琳·多德（Maureen Dowd）作为昆德兰的继任者，仍然是《纽约时报》团队中唯一的女性时政专栏作者。《洛杉矶时报》与《华盛顿邮报》同样只有一名女性专栏作者；《华尔街日报》有两名。这使得精英意见版面的女性代表，在 30 名作者中占到了 5 名。博客并没有改善这一状况，在 30 名顶级博主中只有 3 位女性。

　　同样的故事适用于那些少数种族与少数族群也面临同样处境。时政专栏作者中还有 3 名非裔美国人，但在 30 位顶级博主中则没有可确认身份的非裔美国人。有 1 位亚裔博主，1 位混血的拉丁后裔。时政专栏作者可能是对美国公众的某种不良的代表制；然而，在这一方面，顶级博主们看起来更糟糕。

漂亮说法与实际情况

　　正如许多政治人物一样，博主们经常通过声称代表了普通公民的观点来自我辩护。休伊特（Hewitt，2005）在其《博客》一书的封面上宣称："博客空间正在粉碎传统媒体的垄断，并在思想市场中赋予个人以力量。"雷诺兹（Reynolds，2005）《小大卫之军》一书的副标题是"技术和市场如何能让普通人击败大型媒体、政府机构和其他巨头"。杰罗姆·阿姆斯特朗（Jerome Armstrong）和莫利沙士在政治上可能激烈地反对休伊特与雷诺兹，但是他们的《闯入门庭》一书同样热情欢呼，博客写作与网根群体正在让"人民政治（people-powered politics）"成为可能。不仅仅是博主们自己在作这样一些断言；报纸与杂志一直声称，博客写作让普通公民对政治产生着巨大影响。

　　关于博客的某些断言是切实的。几千万美国人今天至少偶尔会阅读政治博客；根据皮尤互联网与美国生活项目的统计，超过 100 万的美国人自己如今已成为政治博主。博客不可能取代传统新闻行业，但博客写作已经改变了意见新闻业的狭小利基（niche）。顶级博客在美国如今是被最广泛阅读的政治评论源。

　　然而，最具人气博主们的巨大成功却削弱了关于博客写作的核心神话。在那大约 100 万写政治博客的公民中，只有几十位博主拥有比某份小镇报纸的读者数还要多的读者。每当有一位博主获得相当规模受众，就有一万篇日志湮没无闻。如果说有时很难界定谁才算普通（ordinary）公民，那么当这几十位博主获得绝大部分博客读者时，他们是如此地**不普通**（extraordinary），以至于这样的争论已没什么

128

意义。

　　"思想市场"一词很少像在博客这里那样如此地字意贴切。在博客空间中为了被听见，一个公民必须和数以百万计的其他声音相竞争。那些在这场眼球竞争中脱颖而出、位居前列者，绝不会是写作青春期琐事的中学生，也不会是虚构的一群穿着睡衣的业余爱好者，坐在舒适的沙发上来接管传统媒体。他们绝大多数是受过良好教育的白人男性专业人士。我们普查中的几乎所有博主要么是教育精英、商业精英、技术精英，要么是传统上的新闻记者。

　　因此很难断定，博客写作已让哪类公民的表达在政治上能够被听见。如果我们首要关注的是博客的事实精确性或者博主们的分析质量，那么顶级博主的精英化背景或许让人宽慰。但是大多数美国人并没有上过精英大学，也没有一个更高级的学位。大多数美国人并不是新闻记者或者计算机专业人士；大多数人也不是企业主、高管或者管理顾问。大多数美国人也并非白人。博客所提供的生机勃勃的网络讨论，总体而言或许对于美国民主是件好事。但是当许多人持续庆祝博客的民主特质时，至关重要的是要认识到，许多政治表达仍然是石沉大海。

第七章

精英政治与"消失的中层"

应验的祷告比未应验的祷告更加让人痛哭流涕。

——特蕾莎修女

美国通信传播中的那些巨大变革，很少立即影响美国政治。从马赛克（Mosaic）浏览器的发布到迪恩利用互联网打破竞选筹款纪录，10 年时间已逝。大量的美国居民家庭在 1949 年和 1950 年开始购买电视机；然而直到 10 年之后的肯尼迪—尼克松辩论，政治学者们才拥有清晰的证据表明电视已改变了总统竞选的套路（Kelley 1962）。当电台作为少年男生们的音乐交流空间时，富兰克林·德拉诺·罗斯福炉边谈话（fireside chats）[1] 的远期效应几乎还看不出来。从一开始，关于将电报留在私人手里所带来的利害得失，就有着热烈的公共辩论（Starr 2004）。然而，很少有人预见到，电报的垄断将

---

[1] 20 世纪 30 年代的大萧条时期，罗斯福总统在电台开播"炉边谈话"节目，既激励人民的信心，也讲解他的基本改革主张，赢得了广泛尊重。这是利用大众传播手段进行政治性公关活动的典型事例之一。——译者注

导致美联社的新闻垄断，及其对镀金时代（Gilded Age）[2] 政治的令人惊愕的影响。通信传播革新的社会与政治维度，总是要比技术本身要更缓慢晚熟。

因此这本书是对处于青春期的因特网的一种记录。观察家们急于首先预测因特网在何处引领政治；本书要加入这一群体已是姗姗来迟。在政治领域，因特网尚未完全成熟；网上政治活动的某些方式仍然是实验性的。

然而，尽管许多细节还有待补充，但是这本书的论证表明，因特网政治效应的大致轮廓已经尘埃落定——且已经落定了一段时间。130本书在政治流量方面所发现的不平等模式，10 年来已在互联网的其他部分被记载和证明。谷歌搜索引擎第一次上线是在 1997 年。网络政治的许多重要机构与策略，也远不是什么创新。到本书出版时，MoveOn. org——可以说仍然是卓越的由网络动员起来的倡议团体（advocacy group）——将庆祝其 10 周年纪念（关于 MoveOn 的更多信息见下文）。因特网已足够成熟，成为现代政治运动的一种核心要素。如果说网络确实扩展了普通公民的政治表达，那么这种效果就应该已存在着大量的证据。

在考察因特网的政治影响时，历史上最清晰的经验教训之一是——广义上的——基础结构（infrastructure）对于媒介的政治可能性的影响。1920 年代末和 1930 年代初，当电台作为一种大众媒介出现时，政治学者们几乎清一色关注于播送和接收无线电波所需的技术。"广播"这一名称本身即已暗示出，电台将会被广泛的民众所收

---

〔2〕 镀金时代（Gilded Age）在美国历史上指 19 世纪末（1870 年代到 1900 年）这段时间，快速的经济增长同时伴随着贫穷和不平等。这一词来自马克·吐温的著作《镀金时代：今天的故事》，它讽刺这一时代繁荣外表之下诸多严重的社会问题。——译者注

听到，甚至让"未开化的广大文盲"也关注政治（Bromage 1930）。电台所要求的社会广度，被认为对民主实践来说是件好事。

但是几年之后，当美国政治科学学会（American Political Science Association）自己的公民教育电台被 NBC 撤销时，政治学者们才确定他们最初的评估太操之过急了。他们愤怒的事后剖析，不再聚焦于技术本身，而是聚焦于电台广告的作用、电台网络和其分支机构的关系、生产一个成功的电台节目所需要的资金，以及一名广播名人所必需的珍贵个人品质（NACRE 1937）。杰出的政治学者托马斯·李德（Thomas Reed，1937）放弃了他最开始的天真狂热之后宣称，这些最初被忽视了的特征，将广播转变成了"对文化和民主的一种潜在威胁"。

对我们而言，经验教训很大程度上如出一辙。和在电台那里的情况一样，关于因特网所包含的基础结构（infrastructure），政治学者们的认识并不完整。让因特网上任意两台计算机之间实现交流的 TCP/IP 协议，确实相当开放。用于创建大多数网页内容的 HTML 允许直接链向任意的在线文档。

然而在界定基础结构时，我们应该超越技术方面的单纯工艺细节，而去关注使之成为可能的那些社会的、经济的、政治的甚至是认知上的过程。即使是最便宜的硬件和最开放的协议，也不能排除在政治内容创建方面的不平等，或者——若这内容在网上——在搜寻这一内容时的不平等。学院派以及公共观察家们，通常太过于只是关注因特网建筑结构中最为开放的那些部分。在这些过程中，我们对因特网政治效应的理解，被系统地扭曲了。

这并不是说，关于因特网之于美国民主的影响的怀疑论就是全新的见解；在此方面本书拥有大量的同道。其他的学者考察了政治方面的数字鸿沟、公民兴趣（或不感兴趣），以及那些既有机构——尤其是新闻组织、政治党派和利益团体——转移到网上的能力。尽管所有这些因素都至关重要，但本书关注了一些不同的旨趣。在作为结论的这一章中，我想首先重申本书业已强调过的在政治民主化方面的某些障碍。然后我想，以我称为"消失的中层（the missing middle）"的事实为核心，至少粗略地勾勒出对网络政治的一种叙述。

网络政治的局限

低水平的政治流量

政治流量是网络使用中微不足道的一部分。对政治网站的访问量，比许多怀疑论者所预料的还要稀少。非商业性的政治信息源，未能构成对传统媒体的真正挑战，只获得那些新闻与媒体站点所获流量中的极小一部分。如果比起其他类型的网络使用，政治站点的访问量看起来更加微乎其微。根据 Hitwise 数据，色情内容获得的访问量差不多是政治性网站流量的 100 倍。

如果公民们总体上消费着极少的政治性内容，那么这会具有影响深远的后果。越少的关注眼球，意味着越少的资源，并且还会提出这样的问题："网络化的公共空间"实际上究竟有多少公共性？

链接结构与站点能见度

互联网的链接结构限制了公民们所见的内容。当蒂姆·伯纳斯－李（Tim Berners－Lee）创建了第一批 HTML 网页时，其最伟大的创新在于因特网文档之间相互链接的能力。链接不仅只是向冲浪者

132 提供路径；随着谷歌的降临，指向某个站点的链接数成为搜索引擎
借以找到与排列内容的关键性手段。

如果说链接数有助于决定站点的在线能见度，那么这些链接的
分布状况，就会更多地告诉我们"谁在网上被听到"。本书表明，全
球性的模式也在政治性内容这里重现。互联网是分形化的（fractally）
组织，其每一层次都有着"赢家通吃"模式。链接数的重要性，挑
战了认为网络平等会轻而易举或不可避免的那些观念。

搜索引擎与搜索行为

大多数的搜索引擎使用，是肤浅狭窄的。不仅政治兴趣的平均
水平低，而且公民们所使用的搜索策略也限制了他们所见的政治内
容。这一问题部分体现为，导航式查询（即搜索某个特定的站点或
在线媒体）与内容式查询（即搜索关于政治话题或政治人物的信
息）之间的区别。很大程度上，公民们是在用搜索引擎来找到已知
的站点和媒体。

在谷歌与雅虎这两大顶级搜索引擎之间，导航式搜索产生几乎
完美的结果一致性。即使对于那些并不搜索特定信息源的查询来说，
不同搜索引擎之间的结果重合度也是很高的。如果用户青睐简单的
搜索词，并且只点击所返回结果中的前几条，那么搜索引擎所收录
索引的大多数政治性内容就是无人问津的。

内容生产上的经济学

即使在数字世界中，某些内容的制作也是成本高昂的。开设一

个博客或许便宜——网络用户甚至可以在像 Blogger、LiveJournal 或 MySpace[3] 这些公司那里免费开博客——但如果将博客或小规模政治倡议网站与传统新闻行业混为一谈，则是个错误。即使在网上，也是传统新闻机构提供了大多数的公共政治新闻与信息。

说因特网正在降低进入门槛，这类总括性的看法因而是误导性的。很多网络企业面临着在众多行业中创造了"自然"垄断的那些同样的经济压力。谷歌和雅虎这样的公司，相比于典型的电话公司来说，其营业收益要更多地花费在设备上面——此外还要花费数十亿美元在研发方面。

媒体公司长久以来由于同样的一些原因而倾向于集聚化。因特 133 网在降低了"昂贵生产的内容"的发行成本时，并没有逆转这一集聚化的经济逻辑——而是放大了它。如果额外的读者需要最低的额外成本，那么因特网确实保障了庞大的规模经济。当政治新闻与信息的市场，展现出见之于其他网络市场中同样的集聚化水平时，我们不必感到大惊小怪。

网上的社会精英

即使是在那些没有现成参与者、个人能廉价生产内容的领域，社会等级也迅速显现。一次又一次地，我们听到有人说因特网正在从政治精英那里移走权力。人们以为因特网会让更多的声音通达数量不菲（nontrivial）的受众，这些新声音被认为是更加代表了一般公众。

---

〔3〕 Blogger 是谷歌旗下的一家博客服务网站，由旧金山一家名为 Pyra Labs 的小型公司于 1999 年 8 月创办，2003 年被谷歌收购；LiveJournal 是一个综合型 SNS 交友网站，有论坛、博客等功能；MySpace. com 也是大型的社交网站，为用户提供交友、个人信息分享、即时通讯等多种功能。——译者注

政治博客或许是对这些主张的最重要检验；博客可能只通达一部分的公众，但它们现在是美国最广泛被阅读的政治评论形式。尽管其分布的尾巴（tail of the distribution）囊括了成百上千万的政治博主，但一小群一流（A-list）博主实际上获得的政治博客流量，比**其余公民总体**获得的流量还要多。相较于经常为博客所批评的那种精英媒体，这些顶级博主们受到了更好的教育、更可能是男性、更少的族群多样性，此时要说博客赋予普通公民以权力，听起来就尤其虚伪。

变得更窄的网络

因此有很多原因表明，为什么网络政治不如许多人所期望的那样开放。对于这些因素（包括其他学者们已指出的因素）的相对重要性进行梳理，仍然有待于将来的研究。但毋庸置疑的是，因特网并没有从几个大型的媒体出口简单而整体性地转变为许许多多的小型出口。网上存在着小规模的、由公民生产的内容，正如星罗棋布的政治博客所表明的那样。然而，网上新闻媒体和政治网站的受众，被两种强大而对抗性的倾向所塑造：在最具人气媒体那里持续和加速的集聚化，以及在罕被阅读者（the least-read）那里的碎片化。几乎在每一网络利基领域，我们都发现人们越来越压倒性地去关注两类站点：一小簇成功者，它们获得了流量的绝大部分份额；而一大群微型网站，它们加起来才获得大多数剩余的访客。我曾经将这一现象标识为"消失的中层（the missing middle）"。我将指出，在最大型和最小型站点之间的这一尖锐的鸿沟，正是网络政治中许多令人费解的悖论的核心问题。

134

人们仍然热衷于对网络上那些小型的信息生产者小题大做。这类讨论采取了许多形态，从早期对窄播与点播的讨论，到谈及"我的每一天（the Daily Me）"与个人化的内容，以及晚近以来对长尾理论的热心。班科勒（Benkler）对"网络化的公共空间"（对此我下文会述及）的辩护也属于此类，它声称无数小微网络信息生产者们的贡献，正在将政治转变得更好。甚至，桑斯坦（Cass R. Sunstein）的《信息乌托邦》（Infotopia，2006）——在某些方面颠覆了他的早期著作——也提出，新的自我修正的聚合技术，使得不计其数的小微信息生产者得以贡献于公共生活。那些卓越的博主们所谈论的"小大卫之军"、"信息革命"或者普通公民如何用因特网"闯入门庭（crash the gates）"，也都遵循同样的逻辑。

这种对小微内容生产者的关注，某种程度上是值得的；作为一个群体，这样的小型信息出口在网上**的确**比在传统媒体那里获得更多的总受众。甚至在一些众所周知的案例（尽管数量不多且有滥用之嫌）那里，小流量的网站好像引发了一场"网络洪水（cybercascade）"，让事实真相与议题获得广泛关注。

但是，讨论小规模的在线内容，也可以具有深刻的误导性。与其说网络媒体在"不可避免"地碎片化，不如说和报纸杂志这样的传统媒体相比，网络受众实际上**更加**集聚在 10 到 20 个顶级媒体那里。第五章曾指出，因特网并非是一种媒体罗宾汉，从有大量受众的媒体那里抢劫，然后转送给那些受众贫乏的媒体。实际上，在读者数量方面遭受最严重相对衰落的，恰恰是那些中间等级（middle - class）的媒体。

网络受众同时向最具人气和最缺人气的媒体出口的这种分流，需要被更加宽泛地理解，尤其是在网络政治的语境中。我们在互联网的每一层次都发现了这种"中间缺失（missing middle）"现象，或者说至少在本书所考察的每一领域都如此：总体的网络交通流量、新闻与媒体站点的访问数、政治性的网络流量、政治倡议群落的链接结构，甚至是在某个政治论战中属于这一方或那一方的网站子群落（subcommunities）那里。克里斯·安德森及其他人的问题在于，他们没搞清楚所考察的现象的规模；他们将长尾巴就当成了整个的一条狗。至少就新闻媒体站点以及政治站点来说，那些最小微的信息出口加总起来获得了大多数的流量，这根本是不符合实际的，甚至还差得很远。

网络公共空间

"中层缺失"的政治后果是多方面的，但或许没什么别的地方要比在网络公共空间显现得更清楚。本书尤其批判了关于网络话语的那种向上渗透理论。根据这类理论，支配着博客写作以及其他在线组织（online organizing）形态的社会等级制（social hierarchy），是群落化生产（community-based production）的某种本质和原初的部分。整个网络的流量或许高度集聚，但那些更小微的政治利基被认为会遵循更多的平等主义模式。人们相信精英博主们会把众多细小力量会聚成能代表众人的、有助益的整体性力量；那些高能见度的博客，过滤着汪洋大海般的网络意见，并且（据说）有大量的守门人（gatekeepers）提供了无数路径，让普通公民得以向公共讨论中注入他们的关切。谷歌这样的搜索引擎，似乎使得即使是最鲜为人知的内容，也能为那些有足够动力去搜索它的人所找得到。

然而"中层缺失"现象则表明，这种向上渗透理论建基于靠不住的假设之上。网络政治空间的提倡者们一般会主张参照传统媒体的基准来评价网上内容——但他们不承认网络受众其实和纸媒受众一样，集聚于那些顶级媒体渠道。博客或许今天是最为广泛被阅读的政治评论形式，但（正如我上面所指出的）我们普查中的博主们明显不能代表广大的公众。尽管谷歌和雅虎索引着几十亿的在线文档，但搜索引擎的设计、互联网的结构以及公民们粗浅的搜索策略，都限制了某一具体政治话题可获得的"上架空间（shelf space）"。

关于网络政治的向上渗透理论，显然还寄希望于有一群广泛的、有代表性的中等规模（moderate－size）的表达渠道，从而使得"更加巨大"数量的公民能找到某个听众（Benkler 2006，242）。不过，怎样才算是"中等程度地被阅读（moderately read）"的渠道，这还不是很明确；而且需要多少这类中等渠道才能发挥班科勒及其他人赋予这些渠道的关键作用，也不是很明确。但是，链接和流量的幂律分布已经是如此地两极分化，以至于没有哪种既有的关于"中等程度被阅读"的特别定义能够被满足。中等程度被阅读的表达渠道，确切来说是互联网所**不能**提供的。

班科勒还主张，网站群集（cluster）于顶级群落的倾向，改善了更普遍的集聚化模式，他说如果我们考察更小微的网站利基和子利基（subniches），就会发现"集群中的站点不再是默默无闻"（2006，248）。本书坚持认为，这样一些结论包含了一种常见的但却关键性的误解。"中层缺失"并不是只通过更深入地考察排名在下的站点，或者通过把互联网划分为越来越小的站点类别，就可以规避掉的。确实，不同的内容范畴，显示出某些不同水平的受众集聚程度。然而许多计算机科学研究已经揭示出，互联网表现出自相似性（参见例如Song，Havlin 和 Makse 2005；Dill 等人，2002）。在分形地（fractally）构造起来的互联网中，局部的"赢家通吃"模式，在整体的"赢家通

136

吃"模式中被复制。可以这样说，我们在整个互联网所见到的流量
幂律分布，正好也体现了组成互联网的所有群落的流量特征。少数
范畴的网站可能偏离于在整体网络流量上所见的这种集聚化，但有
压倒性的证据表明，政治性的站点确实是如此集聚化的。

丑 闻

进而言之，各种网络民主理论，最大的问题不在于它们错了，
而在于它们不承认因特网的政治成功是以某些损失（trade‐offs）为代
价的。尽管本书着眼于描述性的而非规范性的研究，但是显而易见，
因特网正在以一些民主价值为代价强化着另一些民主价值。网络政
治的幂律结构，似乎与关于公共监督的"火灾报警"或"防盗报
警"模型相当契合（Mccubbins 和 Schwartz 1984；Schudson 1999；Arnold
1990；J. Snider 2001；Zaller 2003；还可参见 Bennett 2003a）。[4] 即使是那些
不计其数的仅有少量读者的博主，只要曝光了新闻机构或精英博主
们认为特别有价值或耸人听闻的信息，也能获得全国性的关注。高
度集中的博客读者群，将公众的注意力保持在了少数值得信赖的守
门人那里，当政策制定者与公众的关切偏离太远时，这些守门人能
拉响警报。只要大型的全国性新闻机构仍然保持强势，那么博客空
间就可能对传统表达渠道提供一种有益的补充，通过另外一类限制
条件、兴趣关切和偏见过滤着政治信息。

137

因特网最显而易见的政治效果，在于它所曝光的那些丑闻，或
者至少是它让这些丑闻更快被披露。但是很多人希望，网络公共空

---

〔4〕 就此而言，参见宾柏（Bimber 1998）和斯奈德（J. Snider 1996）的讨论。宾柏
论述道："在并不显著提高个体选民的信息和知识水平的条件下，网络或许会改善普通民
众对政府的问责制"（143）。

间所做的应该不只是将丑事公之于众。丑闻并不构成某些理论家们视为关键性协商论证（central justification for deliberation）的那类道德讨论（参见例如 Gutmann 和 Thompson 1996）。原因之一在于，它们通常并不涉及那些棘手的道德争执领域。马克·佛利（Mark Foley）议员是否应该性骚扰未成年的国会侍应生，[5] 对此很少有争议。也没有人会认为，CBS 新闻应该基于伪造的文件进行新闻报道。洛特在参议员斯特罗·瑟蒙德生日派对上的发言究竟何意，党徒与名嘴可能各持己见，但双方都会高调驳斥作为瑟蒙德 1948 年竞选基调的种族隔离主义理想。丑闻是强有力的政治要素，简而言之，是因为它们指控政治人物做了公民们已经一致认为不可接受之事。

因此丑闻是不同寻常的。它们承载着极高价值的政治信息，诉诸有广泛共识的政治价值，且通常是易于理解的。大多数情况下，丑闻都有利于这一派或那一派党徒的利益。所有这些特征，使得丑闻在网上尤其易于传播。我们或许因此期待丑闻成为这样一个领域，在那里由长尾巴所覆盖的惊人宽广的网络确实起着至关重要的作用。

然而，尽管有少数默默无闻的博主引发人们关注之前未知的政治丑闻，这也并不必然意味着过去的局外人（outsiders）现在就能在网上轻易被听到。顶级博主们能够指挥受众持续和普遍地关注其观点和喜好，而其他的博主则需要广泛被阅读的那些表达渠道的通力合作，才能被听见。当小博主们的某些偏好与精英媒体的观点相契合时，就有可能被重复和放大——否则，就会被视而不见。

成功触发丑闻事件的那些人物的背景资料，强化了这样一种印象，即有效利用互联网的正是那些精英们。"Buckhead"，自由共和

---

〔5〕 指著名的"佛利丑闻"：2006 年 9 月，来自佛罗里达的共和党议员马克·佛利被媒体披露曾向一位 16 岁的男性国会侍应生发送猥亵短信。——译者注

国网站上那位匿名的发布者，正是他指出 CBS 新闻使用伪造文件，结果他就是共和党老人哈利·迈克道格尔德（Harry MacDougald），这位杰出的亚特兰大律师，曾领导了取消前总统比尔·克林顿律师资格的工作（Wallsten 2004a）。最早匿名发布马克·佛利议员给前侍应生的"过分亲密"电子邮件的博主，是拉纳·胡德森（Lane Hudson）——人权运动组织（Human Rights Campaign）的一名成员，该组织是最大的同性恋倡议团体（Levey 2006）。在这些典型的案例中，因特网并没有赋予普通公民什么权力；反倒让那些满腹牢骚的精英们得以绕开制度性的约束。

"中层民主"与消失的中层

从协商民主的视角来看，消失的中层还引起其他的问题关切。正如我们所见，某些人一直期待赛博世界的公共空间会与那种哈贝马斯式理想有点儿接近，——政治话语将更加不受企业社团的影响，政治讨论将会更加包容和更加深思熟虑。然而，如同安德鲁·查德威克（Andrew Chadwick，2002）所指出的，"通往电子民主之路，到处散落着各种失败方案的灰烬残骸"。正在进行着的网络协商，经常被严厉批评，甚至是被那些最初的热心支持者所批评。有些人得出结论说，网络空间的设计安排，更有利于消费者而不是公民，有利于企业社团的利益而不是公众利益（Lessig 1999, 69；Mclaine 2003；Gamson 2003）。网络讨论似乎很难生成相互的尊重，后者正是民主协商所必需的条件，特别是考虑到广泛充斥于网络论坛中的"蓄意中伤"与"熊熊怒火"（参见例如 Kayany 1998；Herring 2002；Wilhelm 2000）。另外一些人同样担忧，网络"回音室（echo chambers）"将会促进分极化（polarization）倾向，而非和解（Sunstein 2001；Shapiro 1999）。当然，由于看起来没有公民精神（uncivic）的那些做法，政治博主们在媒体上一再地受到批评。

但是，如果说网络讨论并没有实现"真正的"协商，那么这就向那些协商民主怀疑论者们的忧虑传达了新的紧迫感。林恩·桑德斯（Lynn Sanders）声称，协商民主之所以失败是因为"在用理性和合理的措辞清晰表述自己的观点方面，一些公民要胜于另外一些公民"；其声音未能被听见的那些人，"很可能是这样一些人，他们在正式的政治机构中本来就没有被充分代表，并且系统和实质性地处于劣势，换言之即妇女、少数族裔尤其是黑人、穷人"（1997；348，349）。彼特·伯克维茨（Peter Berkowitz, 1996）认为，协商民主让更加小范围的一群公民获得权力：

> 既然它将权力从普通人那里转移到他们中的那些深思熟虑者（deliberators）上，那么协商民主……在效果上就显得是一种知识分子的贵族统治。在实践中，权力就流向了院长和导师、教授与名嘴，以及所有由于教育领先、思维敏捷和表达流利而能使他人信服其高超议事技艺之能力的那些人。

与伯克维茨的展望非常相似的情况已经呈现于互联网。网络政治空间事实上已经是一种贵族统治，它由那些熟练掌握高超议事技艺的人所主导。

139

政治组织与消失的中层

如果说本书所呈现的网络公共空间图景让协商民主人士垂头丧气的话，那么在另外一些方面，网络政治还引起了诸多新的问题关切。吊诡的是，扩大的政治参与同样会扩大政治精英们的作用。借助受众集聚化，前面讨论过的那些门槛正在提升着顶级媒体运营人士的影响力。政治筹款或者选战志愿者工作这类活动，可能会变得更加包容（inclusive），但即使在这些方面也很难得出结论说，政治精英们的权力已经削弱了。

因特网的强项似乎在于将大量的、松散的和地理上分散的群体汇集起来去追求共同目标。通过 Meetup. com（见面会）这样的网站平台，迪恩能够从分散于全国的那些利益诉求中创建出本地化的志愿者组织。依靠几十万小额的在线捐助者而非一小撮大额捐款人，迪恩得以打破筹款纪录。从西雅图的 WTO 抗议到百万母亲大游行（Million Mom March），其他学者们同样推断说，网络化的政治正在改变集体行动的逻辑，并且越来越有利于广泛分布的那些利益诉求（Bennett 2003b；Bimber 2003a；Lupia 和 Sin 2003；Postmes 和 Brunsting 2002）。

140 另外一个典型的例子是 MoveOn. org，在网络组织方面它是最著名的灰姑娘故事。MoveOn. org 在 1998 年很大程度上是偶然地由韦斯·博伊德（Wes Boyd）与琼安·布莱兹（Joan Blades）这两位软件企业家所创建。博伊德与布莱兹制作了一个网上请愿书，呼吁国会中止对克林顿总统的弹劾，而代之以"公开批评和继续前行（censure and move on）"。他们发给不到 100 名亲朋好友的一封电子邮件，迅速传播开来，使他们的网上请愿书最终收集到了超过 50 万的签名。在反弹劾运动中组建起来的电子邮件列表、网站和社会关系网，成为他们未来事业的核心资源。

从任何标准来衡量，MoveOn. org 都是一个引人注目的组织性成就。MoveOn 网站声称，这一组织拥有超过 300 万的会员。根据响应政治研究中心（Centre for Responsive Politics）的数据，MoveOn. org 的 527 个政治组织在 2004 自然年度共支出了 2000 万美元，使得它在所有倡议团体中排名第八。不过，从某一方面来看，这一成功故事表明，网络政治比它所显现的要更加浅层化（shallower）。MoveOn. org 是迄今为止最成功的此类组织；此时还很难想象有任何其他的网上倡议团体，像 MoveOn 那样在一个周末筹到大约 100 万美元（Whittington 2005）。正如我们在第三章所见，网上有成千上万小型倡议团体；但是，关于因特网政治效果的大多数证据，都来自一小撮大型组织。

迪恩竞选运动和 MoveOn 的案例、倡议站点（advocacy sites）中的链接与流量模式，以及奥巴马竞选的早期证据都表明，网络组织工作中同样有着"中层缺失"现象。MoveOn 主导着它的政治细分领域（niche），正如亚马逊（Amazon. com）主导着在线售书领域或者易趣（eBay）主导着在线竞拍。过去的 10 年中，一直存在着要复制 Move-On 现象的各种尝试（参见例如 Allen 2007），这些尝试中很多都是资金充足的，包括有卓越的政治人物和老练的政治团队的参与。但是没有哪个能动员起像 MoveOn 那样的活跃分子军团。

对于仍然围绕着网络政治的那种神话，很有必要强调一下显而易见的事实。每日获得几十万点击的那一小群博主显然是政治精英。像 MoveOn. org 这类优秀的在线团体，仍然严重依赖于正式和非正式的精英来运营其组织。政治候选人和他们拿工资的团队成员**当然足**

141 以称得上政治精英。关于网络政治的所有最受称赞的案例，都依赖
于政治精英，以便去游说、协调和组织动员。此外，这些新的网络
精英，并不必然比旧精英们更加代表普通大众。宣称因特网正在让
政治民主化的那些人，应该首先正视这些关键事实。

新技术、 老缺陷

在本书结束之前，有必要评论一下另一个更老的学术派别，它
似乎也对因特网的成功与失败有所见解。至少从 1950 年代起，政治
学者们主要依靠多元主义理论来解释美国政治中的权力分配。多元
主义者将政策制定描述为在利益集团和政府官员中间的一种谈判，
不同组别相互竞争的精英在不同的政策领域各占优势。多元主义者
们主张，政治资源是不平等的但也是"非累积性的（noncumula-
tive）"——大多数公民都拥有某种权力资源，并且没有哪类政治资源
（特别是财富）会使所有其他政治资源丧失重要性。由于在政治决策
的制定中有着多种多样的权力中心，并且由于这一政治制度提供了
各种机会来影响政策，所以多元主义者们认为，美国民主会阻止某
一公民集团或阶层持续地进行统治。

然而，正如前一章的 E. E. 沙特斯耐德引言所显示的，多元主义
即使是在它自己的同类那里也从来不缺乏批评者。关键性的批评在
过去半个世纪中一直引人注目地持续着——也就是说，美国民主没
能提供足够超越种族和阶层的代表性，未能弥合政策精英与普罗大
众之间的差距。

如果这些确实是美国多元主义最迫在眉睫的问题，那么到目前

为止也很难得出结论说因特网已将其解决。当然，在很多政治领域，因特网的长期影响仍然朦胧不清。但是在政治博客那里，在 MoveOn 的博伊德和布莱兹这样的政治企业家中，甚至在广为人知的"拉瑟门（Rathergate）"和佛利丑闻这样的政治事件中，政治表达被放大了的那些人，大多数都是白人、中产阶级上层、受过良好教育的专业人士。在证据最为明显的这些领域中，因特网似乎是对美国政治还未曾有过的某个问题之回答。

　　数字鸿沟的持续存在，使得多元主义和网络协商的失效更加显而易见。在访问（access to）互联网方面，在查找和处理在线内容所需的技能方面，以及在网上搜索政治信息的需求方面，10 年来的学术研究已经记录了持续的不平等。但是，如果说**去阅读**政治博客需要相当的技能与动机，那么本书也已指出，要能在网上**被人阅读**的话，其所必需的技能和投入就是几个数量级的更多的排他性（more exclusive）。

　　因此最终来看，就普通民众的政治表达而言，因特网似乎既是好消息也是坏消息。因特网使得竞选筹款更加兼容并包（inclusive），让那些广泛分散的利益诉求更容易被组织起来。对于活跃公民来说，海量的政治信息只有一个点击之遥。因特网政治并非只是平日里司空见惯的政治；网上的利益诉求并不是对线下政治版图的一种完全反映。

　　然而，因特网未能兑现其承诺的地方，也恰恰在于政治表达的那种最直接形式。如果要说普通公民写出东西来，他人就会看到，那么在这种能力方面，因特网离人们一直以来对它的断言还差得很远。在赛博空间中表达或许很容易，但想要被听见却仍然难之又难。

142

附　录
数据与方法

支持向量机分类器

　　对于试图系统地研究因特网的社会科学家来说，网络的体量是个核心问题。到本书写作时为止，谷歌声称索引了超过 80 亿的在线文档。某位研究者可以在网上花费他整个一生的时间，但其所见仍然只是万维网上所发布的全部内容的极微小一部分。那么，对于公民们可资利用的海量在线内容，我们如何才能收集确切的数据呢？

　　答案之一是，采取技术方案来解决这样一个技术问题。要汇编、区分与分类网页与其他在线档，有着多种多样的自动化技术。就我在第三章中所呈现的那部分研究而言，我和研究伙伴们依赖的是 SVM（支持向量机）分类器。得益于 NEC 研究实验室——尤其是 NEC 研究员科斯塔斯·西兹尔里克利斯和朱迪·A. 约翰逊——的协助，SVM 方法被用于对网页进行分类。在这一案例中，几十万上百万的 HTML 文件通过网络爬虫（Web crawlers）被下载下来。我们想要一个方法去判定哪些网页与我们感兴趣的话题相关——例如，这成千上万网页中哪些与堕胎问题相关、哪些不相关。

本附录试图概述和澄清我们所使用的这种研究方法，尝试初步解释什么是 SVM、它们在实践中如何运作，以及当别的学者评估本项研究时应该铭记哪些问题。尽管此处重点在于应用而非理论，但在关于 SVM 的日新月异的文献中，我们还是提及了一些深入详尽的文章与著作以供参考。 144

在讨论 SVM 背后的数学之前，必须先理解几项关于 SVM 的基本知识。首先，SVM 是监督式机器学习（supervised machine learnig）的一种方法——从训练样本数据（training data）中创建函数的方法。由人类程序员指派了"正确"值的系列对象被喂送给 SVM，然后 SVM 分析这些对象的"特征"，并基于这些训练样本创建出一个函数，该函数为这些不同的特征指派不同的权重。理论上来说，此后这一 SVM 就归纳式地学会辨别对象的哪些特征重要、哪些特征不重要。

其次，SVM 既可以用来指派连续值（"回归"），也可以用来指派离散值（"分类"）。我们所感兴趣的是将 SVM 作为分类器来使用。就这一用途而言，需要明白 SVM 是二值分类器。它给出"是"或"否"的回答，从而将对象划归这两组中之一组——阳性（positive）集和阴性（negative）集。那么在 SVM 被分配更加复杂的分类任务时，就要求将任务分解为一个二值的分支树（branching tree），并且本质上就是为每一个分支点训练一个 SVM。为了理解这一分支树实际是如何运作的，让我们考察一下 SVM 已证明其最擅长的一项任务：识别手写字母。人们可能首先训练 SVM 判别某个手写字母是大写还是小写；而在分支树的最末端，将可能会要求区分那些相似的字母，例如 g 和 q。

SVM 使用超平面（hyperplane）来将样本数据（training data）分为两类，在此过程中尽量让边缘间隔（margin）最大化——就是说，让距离这两个类型的最标准范例的间隔尽可能地大。每一对象，或者说数据中的每一片段，都被呈现为高维空间中的单个点。一旦训练集（training set）被用于绘制超平面，新的数据点就根据其处在超平面的哪一侧来被分类。这一过程听起来复杂，但下面的解释会表明，它背后的直观知识是易于理解的。

为了展示何以如此，请考察图 A.1。它显示了一个简单的 SVM 运作。实际的 SVM 是在几十万或上百万的维度中去绘制判定边界（decision boundary）；而图 A.1 只是让我们在两个维度中绘制一个判定边界。本图中我们可见两类不同的数据点：圆形与方形。这些圆形

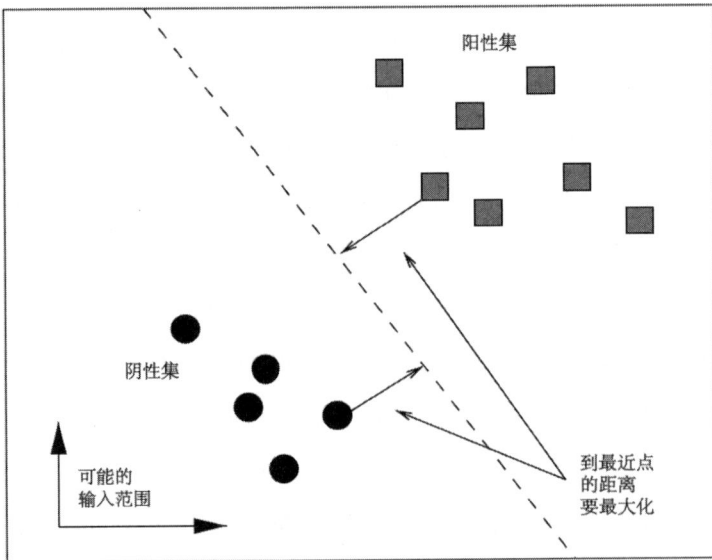

图 A.1

这张图展示了一种简单的线性 SVM。所绘制的边界判定线，是用来让判定线自身与支持向量（support vectors）的距离最大化，支持向量被定义为离判定线最近的那些点。这一图例非常得益于普拉特·约翰（Platt 1998）的阐释。

与方形在图上的位置，取决于它们在两个取样协变量（sample covariate）上的值：它们的 X 值和它们的 Y 值。方形往往拥有较大的 X 值和 Y 值；而圆形则在这两个变量方面拥有较小值。于是，圆形就集中在该图的左下角，而方形则集中于右上角。

这两组数据点就是所谓的"训练集（training set）"，即最初的点集，它教导 SVM 在何处绘制边界以划分这两个组。下一问题是怎样精确地绘制这一边界。SVM 的运作方式，相对于社会科学家们习以为常的"最小二乘法回归分析"这类技术来说，可能首先是有违直觉的：SVM 对数据中的大部分视而不见。关键的程序还是对边缘间隔（margin）的最大化：去识别出距离那条能清晰划分这两组的分界线最近的那群数据点。图 A.1 中右上和左下的点远离边缘间隔，因此对于绘制判定边界毫无影响。现在只考察离分界线最近、在该图形上用箭头作了标记的那些点。画出分界线是为了在判定边界与这些边缘点之间找出最大可能的距离。

一旦分界线被画出，分类就简单了。可以向这一 SVM 提交新的数据点，此时已知的只有这些数据点的 X 值和 Y 值。这些点如果处于分界线上方，则被归入方形一类；如果处于分界线下方，则被归为圆形一类。

如果我们将这一例子外推到更大数量的维度，就能得到关于 SVM 如何运作的一个相当近似的形态。如果我们有三个维度而不是本例中的二维，那么绘制判定边界所需要的就是一个平面而非一条线。四维以及更多维度时，就需要超平面了。正式表述是，超平面是一个平面的 N 维近似，它被用来将某个 N + 1 维空间划分成两个部分。

这一简单示例引起几个显而易见的问题。首先，如果不可能干

146

净利落地区分这两个组别，那么会怎么样呢？在许多真实世界的数据集那里，可能并不存在一个单一超平面，以分割阳性集与阴性集。科瑞纳·考尔特斯与弗拉迪米尔·瓦普尼克（Corinna Cortes，Vladimir Vapnik，1995）引入一种他们称为"软间隔（soft margin）"的方法，来处理那些被错误标识的对象的情况。这一改进是在瓦普尼克原有公式上的重要提升。软间隔算法选择了这样一个超平面，它为那些最近的清晰分割的对象给出最大边缘间隔，从而有效地回避了位于界线之"错误"一侧的那些数据点。

如果说 SVM 是通过在高维空间中绘制超平面判定边界来运作，那么理解那些被分类对象是如何被映射到（mapped onto）这一空间的，便至关重要。各种映射方法很大程度上依赖于语境和应用情况而变化。但在我们的案例中，它们相对来说简单易懂。如我前面所述，我们是致力于分类文本文档——尤其是大量以 HTML 语言写就的网页。我们所考察的 12 个站点群落中的每一个那里，训练集都是由关注某个政治话题的 200 个网页以及几千个随意网络内容的页面构成。

训练集中每一个这样的网页都被视为一个对象；接下来的任务则是确定这些对象拥有哪些"特征"，从而让这 200 个相关网页有别于那些随机内容的页面。我们首先剔除任何的 HTML 格式，标点符号和停止词（stop words）[1]——例如"the"——也同样被移除。然后，我们将这一训练集中**所有**词和词组汇编出一个清单，这是个大型的清单——在我们的例子中，词和词组的总数量不下数十万。

这些词和词组的每一个就成为一个"特征"。例如，如果训练集

147

---

［1］ 所谓停止词（Stop word）是指某种语言中使用频率较高但对意义表述没有特别影响的一些字词，大多数情况下不能成为搜索的关键词。搜索引擎开发人员在创建索引时，会将这种词忽略掉，以减少引擎不必要的运行工作量。英语中的"the"、"a"、"this"，汉语中的"在"、"的"等便属于这种词。——译者注

的那些页面中有 12 万个不同的词和词组，那么**每一**网页就拥有 12 万个不同特征。相对于每一特征，这些网页中的每一网页都要被赋予仅有两个数值的其中之一：如果该网页至少包含一次这一词或词组，就赋予数值 "1"，如果不包含，就赋予数值 "0"。（这种 1 或 0 的编码系统便于计算；人们当然还可计算单词所出现的次数，或者采纳基于有序分类的某种另外的编码系统。不过，西兹尔里克利斯和约翰逊基于经验的看法是，更加详细的编码在实际分类方面所得相差无几。）

下一步骤是将这些网页中的每一个页面，映射为高维空间中的单个点。每一特征成为一个维度；例如，如果所确认的特征数量为 12 万个，则这一高维空间就有 12 万个维度。在这一空间中对应于每一网页的那个点，就由它在每一维度上的数值——我们的案例中为 1 或 0——所描述。

在两个维度中绘制一个判定边界易如反掌；在有着成千上万个点和几十万维度的空间中，算出最大间隔分界线，就不是稀松平常的了。尤其是绘制这一连续间隔需要解决一项困难的二次规划算法最优化（quadratic programming optimization）问题。就本书的研究目标而言，我们使用了序列最小优化（sequential minimal optimization）方法（Platt 1998）。由普拉特·约翰所引入的这一技术，使得在训练 SVM 时，极大地降低了计算强度。

一旦判定边界绘制完成，则这一 SVM 就被视为是 "受过训练的（trained）"。新遭遇的网页就能根据其在这一空间中的位置而被分类。这些页面中的 HTML 格式与停止词再度被剔除；而不在训练集中的那些词和词组同样被如此操作。超平面绘出之后，分类就迅速了。正如第三章所说明的，为了体现些许谨慎，我们实际上是将这些站点分为三类而不是两类。阳性站点是那些明显位于超平面之上的站点；明显处于边缘间隔之下的站点则被归为阴性。而 SVM 对其不能确定的那些站点，即那些十分靠近判定边界的站点——则被归类为"不确定（unsure）"。

148

SVM 分类的优势与劣势

关于 SVM 如何运作以及我们使用 SVM 时所遵循的方法，上述这部分应该是充当了一个基本说明。但同样至关重要的是，还要讨论为什么这一技术在我们的案例中受到青睐，以及它可能具备的潜在不足。

近些年来，SVM 技术受到了计算机科学家和学习理论家们（learning theorists）的大量关注，并且获得了广泛多样的应用——从人脸检测（Osuna，Freund 和 Girosi 1997）到手写字符识别（LeCun 等人，1995）。SVM 表现得特别卓有成效的，是在基于文本特征的内容分类方面——在此领域，SVM 方法相对于其过去的水平展示出显著的性能提升，同时表现得更加稳健耐用（Joachims 1998）。所有这些都是复杂任务，对于人类来说相对要易于完成，但对于计算机来说传统上一直困难重重。

SVM 在其中获得成功的那些领域，突显了这一技术的潜在优势。首先，SVM 能基于极大数量的潜在因素来作出决策，甚至在这些因素没法事先有系统地被确认的时候。例如，对于人类如何识别手写字符，认知科学家没法给出一组简易定义的规则。然而，基于一个大型的训练集，以及人类程序员自己没法清楚阐明的复杂标准，SVM 就能学会在大多数时候对字符作出"正确"的分类。

其次，SVM 技术是高度可扩展式的（scalable）。在我们的案例中，人类程序员不可能逐字逐句地对我们所下载的数百万网页进行分类。当被分类对象的数量较小时，训练一个 SVM 去做分类决策意义不大。但对于需要分类数百万对象的问题来说，监督式机器学习技术目前是唯一可行的路径。[2]

SVM 的主要不足，恰恰是其优势的反面。首先，SVM 需要大量时间和技术知识来顺利实施。本项目依赖于由 NEC 研究实验室所开发的内部软件；近年来，支持 SVM 分类的其他一些程序和工具，任何感兴趣的研究者都已经可以免费获取，特别是索斯藤·约阿希（Thorsten Joachims）的 SVM – Light，以及张启仲（Chi – Chung Chang）和林吉仁（Chi – Jen Lin）的 LIBSVM。但是，目前还没哪个 SVM 软件具备易于使用的品质，坚韧的耐心与大量的编程经验仍然是先决条件。

更加重要的是，SVM 分类对象的过程是不透明的。判定边界是基于成千上万不同特征而被绘制的。在绘制判定间隔（decision margin）时，SVM 软件确实详细研判哪些特征获得最多的权重，但这些权重难以被言语诠释；并且，获得较大权重的特征数量非常庞大，以至于空间的限制（space constraints）使得它们难以被描述。即使是技术人员，在面对一页接着一页没有清晰含义的数字时，也会畏缩不前。

因此，SVM 的最终被评估，必须主要是根据主观的标准——确切来说即根据其所模拟的那种复杂的人类认知过程。那些主观判定（subjective decisions），显然在选择训练集时是关键性的；在评估 SVM 分类决策的精确性时，这些主观判定最终也同样是最重要的指标。在我们这一研究中，理想目标是对这些网页的编码要有着这样的一

---

〔2〕 请注意，SVM 的可扩展性某种程度上是基于这样的事实，即学习的困难是由于在绘制恰当的边缘间隔时的复杂性。这种复杂性只是间接地与特征空间的维数相关。换言之，增加特征并不必然导致绘制分界线变得更加困难。

致性与精确性，即要与人类程序员在通读这几百万网页后所可能给出的一致性与精确性相等同。在此，我们所依赖的方法是从那些被机器分类的网页中取样，然后将被取样的那些站点交由人类程序员去盲审（rated blindly）。两者相比较的结果，在第三章中有更加详细的陈述，不过总体而言，对于那些并不靠近判定边界的站点，机器分类与人类分类之间可见到极高水平的一致性。SVM 所不能确定的那些站点，即那些靠近判定间隔的站点，则产生较少的一致性，但其中大多数被判定为属于阳性集。这可能是因为训练集中所充斥的都是清晰的相关与不相关站点，而不是边缘性的案例（marginal cases），后者在合适的判定边界上会产生更多的信息。

　　SVM 分析中所使用的算法发展迅速，支持 SVM 分类的软件工具也在不断改善，并且这些技术的性能（以及问题）也在变得更容易理解。基于这些原因，今后几年很有可能将见到监督式机器学习技术在社会科学中更加普遍地被使用和接受。

150

冲浪者行为与抓取深度

　　除了使用 SVM 分类器，第三章的研究还不同寻常地使用了大规模的网络爬虫（Web crawlers）。这些网络爬虫背后的原理易于理解：它们只是下载离我们的种子集最多 3 个点击之遥的所有页面。有必要拐个小弯解释一下，为什么从种子集只漫游 3 个链接之遥就应该能捕获大多数相关的政治性网站。

　　互联网的直径是狭小的；两个随机选择的网站，平均只有 19 个超级链接的距离（Albert，Jeong 和 Barabási 1999）。通过从我们的种子集漫游 3 个链接之远，我们的研究所考察的网络版图（graphs）就在任何方向上都有着 6 - 3 个链接的距离。然则这一特性的后果之一在于，从原初种子集出发再多抓取几个链接的距离，就需要抓取整个万维网的一大部分。在此，每增加一层抓取深度，必须被下载、储存和分析的站点数量就要增加 20 倍。

对网络冲浪者行为的研究让我们有强烈理由相信，增加抓取深度带来的益处有限。贝尔纳多·胡贝尔曼（Bernardo Huberman）和他的同事（1998）指出，某个用户从初始网站出发所追踪前行的链接数量，可以极好地由逆高斯分布（inverse Gaussian distribution）来建模。网络上超过深度 L 的路径，其概率由下列方程所约束：

$$P(L) = \sqrt{\frac{\gamma}{2\pi L^3}} exp\left[\frac{-\gamma(L-\mu)^2}{2\mu^2 L}\right]$$

来自 AOL（美国在线）用户的无限制行为的数据，产生出 γ 和 μ 的估值分别为 6.24 和 2.98。尽管大多数的网上冲浪路径深度只有几个点击，但这一高斯分布的厚尾性（heavy tails）却意味着，即使是包含着十来个点击的路径，也拥有数量不菲的一部分概率质量（probability mass）。

这项研究表明，我们所施行的适当深度的抓取，可能会捕获从种子站点出发的大多数冲浪行为。如果胡贝尔曼及其同事的数据成立，在超出我们施行的抓取深度之前，80% 的搜索行为将会终止。在这些同样的假设之下，再去进行更深层次的抓取，好处就不多了。增加一层深度，所覆盖到的搜索行为将只会扩展 5% ~ 10%，但所增加的分析难度却是 20 倍。从全局来看，抓取深度增加一层，将需要我们为 12 次抓取中的**每一个**去下载和分析 450 万个网站。这将意味着总计抓取大约 5400 万个页面，并且最终占据超过 5 个 TB 的磁盘存储空间。

Hitwise 的数据与方法

最后，本书很多地方是基于来自智慧点击竞争情报服务公司（Hitwise Competitive Intelligence）的数据。为了理解这些数据的性质，有必要概略交待，它们是怎样和从谁那里被收集来的，以及就我们的目的而言它们的长处与局限。

Hitwise 是一家主要观测网络流量的跨国公司。它 1998 年在澳大利亚成立，2001 年将其业务扩展到英国，2003 年扩展到美国；同样它也在新西兰、中国香港特别行政区和新加坡运营。Hitwise 声称在全球有超过 1200 个主顾。其重要的企业顾客包括谷歌、易趣和 Ask. com 这样的互联网公司，CBS 和 MTV 这样的媒体公司，以及其他各种各样从本田（Honda）到亨氏（Heinz）的知名品牌。

对于媒体研究学者来说，Hitwise 的数据是一种极其丰富的资源，它在点击流（clickstream）的层次提供着关于互联网流量的一个无与伦比的视角。然而，Hitwise 数据也给学者们带来冲突和挑战。其中有些问题是这类研究者们已经熟悉的——他们使用过由企业提供的数据，例如 AC 尼尔森公司（AC Nielsen）为了进行消费者研究所提供的那些受众数据或者民意调查（参见例如 Baum 和 Kernell 1999；Putnam 2000）。另外一些问题则是这一数据源所独有的。

Hitwise 数据是在和因特网服务提供商（ISP）的合作中收集的；Hitwise 开发出软件，然后其合作伙伴将这些软件安装在自己的网络设备中。Hitwise 软件就监测着那些 ISP 的订阅用户的在线流量；

2007 年 4 月份这个月，Hitwise 追踪了来自 1000 万个美国家庭对 773 924 个网站的访问。包含在 Hitwise 集合中的站点数量不断有所涨落，主要有三个原因。首先，当某些站点超过某个最低值的网络流量时，Htiwise 就将这些站点收入其排名。正因如此，Hitwise 的月数据相比于其周数据，要包含更大量的网站；较长的时间段就让更多的站点达到了能被收录的流量门槛。其次，Hitwise 定期审查收入其排名中的那些站点，移除不再合格的站点入口。最后，Hitwise 的 ISP 合作伙伴组合也随着时间而变化，有新合作伙伴被加入，也有某些老伙伴被移除。

Hitwise 样本的 1000 万用户中有 25% 还参与了可选 "超级面板 (megapanels)" 活动，后者由益百利（Experian）和克拉瑞塔斯（Claritas）这样的公司运营。这些可选面板的参与者（opt - in panelists）提供了更加详细的人口统计、生活方式方面的消费者数据。最终，那些 ISP 提供的只是匿名的、总体的数据。Hitwise 并不公布其合作伙伴的名称。但是，Hitwise（2007）声称其样本中 "包括一些顶级 ISP，以及地理分布上范围多样的各种中小型 ISP，包括了家用和企业网络服务"。

Hitwise 利用这一样本来构造多种行业水平的使用标准（usage metrics）。这些流量指标（measures）中很多是由互动广告协会（Interactive Advertising Bureau）——一个非营利的广告行业联盟——所定义（该协会声称其会员公司负责销售着超过 86% 的美国在线广告）。就我们的目的来说，最重要的测量指标是一个站点所获得的 "访问（visits）" 数。一次访问被描述为由浏览器所发出的一次网页请求，点击间隔不超过 30 分钟。注意这一度量标准记录的是一种频繁使用，但也不是过于频繁；某个人花费一整天阅读 CNN. com，将只算作是一

152

次访问。

Hitwise 确实监测每个站点面向用户的页面浏览量（page views），但这一指标也是成问题的。原因之一在于，页面计数（page counts）非常依赖于网站的体系结构。例如某些在线刊物故意将其内容分解，以迫使用户加载许多短页面；其他网站则不这样做。由于这一指标并非在所有网站中都有可比性，所以我们在行文中没有提及。但有必要提醒的是，页面计数要比站点访问（site visits）这一指标产生远远更高水平的不平等。2007 年 4 月间，仅 MySpace 一家就占到了网络页面总浏览量的 18%。同样，在政治站点那里，分析页面浏览量相比于考察站点访问数来说，将会指示出更高水平的不平等。

153　　Hitwise 的监测方法有着清晰的优势与不足。一个关键优势是其可扩展性（scalability）。根据美国人口调查局的数据（2001），Hitwise 样本难以置信地代表了全国大约十分之一的家庭。要研究更小型的网络细分领域，则这样的覆盖宽度是不可或缺的。

在采集网络流量的典型横切面数据（cross‐section）方面，Hitwise 的方法也远远优于其他替代选项。流量应针对所有用户来测量，而不是局限于那些愿意在其计算机上安装监测软件的用户。由于大多数的 Hitwise 样本并未觉察到其搜索行为正在被测量，所以任何一种观察者效应（observer effect）[3] 都应是最低限度的。

但对于个体层次的分析，Hitwise 的数据（在设计上）就相当有局限。Hitwise 方法容许我们观察用户上网路径的总体状况，但要从这一流量之流中挑出特定冲浪者的情况则是办不到的。Hitwise 不仅

――――――――――

　　〔3〕　指观测行为对被观测对象造成一定影响，从而进一步影响观测结果的客观性。这种效应在很多领域都会出现。例如，如果实验对象知道自己正在被观察，则其行为和决策可能就会迎合实验本身的模式，从而做出不同于正常状况的有意改变。――译者注

只是给出平均化的用户行为状况，而且它也只容许研究者们考察那些在兴趣站点或兴趣类别前后立即被访问的站点。

用户上网行为中的更深层模式因此是晦暗未明的。举例来说，我们或许设想，借助搜索引擎进入某个政治博客的冲浪者，相较于由另一博客所指引过来的冲浪者，可能会展示出不同的特点与搜索行为。假如情况确实如此，我们却没法借助 Hitwise 数据来研究。

当然，如果考虑到隐私，那么某些这样的局限倒是令人感到宽慰的。例如，2006 年 8 月，美国在线公布了来自其超过 65.7 万订阅用户的 2000 万条搜索请求的记录（Pass，Chowdhury 和 Torgeson 2006）。尽管美国在线的数据本来被认为是匿名的，但现在这一数据集却经由独一无二的用户身份号码列出了全部用户；搜索词本身有时也包含可确认个人身份的信息，尤其是在与其他搜索词相结合时。

Hitwise 的研究方法与企业章程中某些细节仍然是专利性的或保密性的，这一事实导致许多问题，特别是对学者们而言。有几个因素在某种程度上缓和着这些矛盾。首先，针对其研究方法和数据收集过程，Hitwise 一直安排着详细而独立的审查活动。近期的审查由普华永道公司（Price WaterhouseCoopers）所实施，该公司得出结论，认为 Hitwise 公司关于其数据收集方法、样本典型性的说法是真实而确切的（普华永道还证实，Hitwise 的隐私政策确实如其所声称的那样在实际运作）。

其次，Hitwise 的许多主顾是谷歌和易趣这样的大型互联网公司。[154] 这些企业在分析网络流量方面有着广泛的内部专门知识，并且还有着它们自己的大型数据集访问入口，从而可以对 Hitwise 的监测进行交叉验证（cross‑validate）。在这样的主顾那里，也就很难隐藏研究方法上的重要缺陷。

最后，2007 年 4 月，Hitwise 同意以总额 2.4 亿美元被益百利集团收购，后者是一家总部位于爱尔兰的信用与消费者信息企业。益百利是公开上市的贸易公司，而 Hitwise 关于其自身研究方法的声明，反复出现在与这一收购相关的那些披露的企业法律文件中。在此语境下，任何误导性的说法毫无疑问会导致企业高管们受到民事和刑事惩罚。

如果对大规模的网络流量分析感兴趣——尤其是对政治网站这样小的细分领域感兴趣——那么也有几个 Hitwise 的替代选项。Hitwise 的主要竞争对手是 Nielsen//Netratings（尼尔森网络测评）与 comScore MediaMetrix（康姆司高媒体矩阵）。这些公司几乎主要依赖于一种选择面板（opt – in panel）方法，征募用户在自己的计算机上安装监测软件。用户参与了就会给予奖励；例如 comScore 提供给参与者基于服务器的病毒扫描和抽奖奖品。参与者们知道他们自己的网络使用正在被个别监测，而这可能会影响他们的在线行为。comScore 声称拥有全国范围 12 万个用户样本，或者说略多于 Hitwise 全美样本的 1%。

Nielsen//Netratings 与 comScore 过去一直抵制对其面板技术的独立审查，无视关于其数据中的问题与矛盾的各种举报。这些关切在 2007 年 4 月达到一个顶点，当时互动广告协会强烈批评它们的面板技术并要求这两家企业接受独立审查（Rothenberg 2007）。互动广告协会的要求促使两家公司在其技术方面承诺更大的责任与透明度。迄今为止，仍然不清楚它们会做出什么样的改变。

参考文献

Abbatte, J. 1998. *Inventing the Internet*, Cambridge, MA: MIT Press.   155

Abramowitz, A. I. , J. McGlennon, R. B. Rapoport, and W. J. Stone, 2001, "Activists in the United States Presidential Nomination Process, 1980 – 1996", Computer file, 2nd ICPSR version, Study no. 6143, http: //webapp. icpsr. umich. edu/cocoon/ICPSR – STUDY/06143. xml.

Ackerman, B. A. , and J. S. Fishkin, 2004, *Deliberation Day*, New Haven, CT: Yale University Press.

Adamic, L. A. , and N. Glance, 2005, "The Political Blogosphere and the 2004 U. S. Election: Divided They Blog", In *LinkKDD* ' 05: *Proceedings of the* 3rd *International Workshop on Link Discovery*, 36 – 43, http: //dx. doi. org/10. 1145/1134271. 1134277, New York: ACM Press.

Adamic, L. A. , and B. A. Huberman, 2000, "The Nature of Markets on the World Wide Web", *Quarterly Journal of Economic Commerce* 1: 5 – 12.

Albert, A. , H. Jeong, and A. – L. Barabási, 1999, "Diameter of the World Wide Web", *Nature* 401: 130 – 31.

Allen, M, 2007, "Move Over, Move On: GOP's A – Comin ' ", *Politico*, June 29, http: //www. politico. com/news/stories/0607/4712. html.

Althaus, S, 2007, "Free Falls, High Dives, and the Future of Democratic Accountability", Paper presented at the Changing Media and Political Accountability conference, Center for the Study of Democratic Politics, Princeton University, November 30 – December 1.

Amazon. com, Inc. 2005, *Annual Report*, http: //edgar. sec. gov.

American Society of Newspaper Editors, 1997, *The Journalists*, Report, July Reston, VA, ht-   156 tp: //www. asne. org/kiosk/reports/97 reports/journalists90s/journalists. html.

Anderson, C. , 2004, "The Long Tail", *Wired*, http: //www. wired. com/wired/archive/12. 10/tail. htm.

——. 2006a. , *The Long Tail*, New York: Hyperion.

——. 2006b. , "We Did It!", Blog post July 11, http: //www. thelongtail. com/the_ long_ tail/ 2006/07/we_ did_ it. html.

Armstrong, J. , and M. Moulitsas Zuniga, 2006, *Crashing the Gates: Netroots, Grassroots, and the Rise of People – Powered Politics*, White River Junction, VT: Chelsea Green.

Arnold, R. D. , 1990, *The Logic of Congressional Action*, New Haven, CT: Yale University Press.

Ashbee, E. , 2003, "The Lott Resignation, 'Blogging', and American Conservatism", *Political Quarterly* 74: 361 – 70.

Ayres, C. , 2005, "Million Lawyers a Legal Nightmare", *Times* (London), February 26, http: //www. timesonline. co. uk/article/0, 11069 – 1500707, 00. html.

Baker, S. , H. Green, and R. D. Hof. , 2004, "Click the Vote", *Businessweek*, March 29, 102.

Barabási, A. – L. , 2002, *Linked*, Cambridge, MA: Perseus Publishing.

Barabási, A. – L. , and R. Albert, 1999, "Emergence of Scaling in Random Networks", *Science* 286: 509 – 12.

Barabási, A. – L. , R. Albert, H. Jeong, and G. Bianconi, 2000, "Power – Law Distribution of the World Wide Web", *Science* 287: 12 – 13.

Barnes and Noble, Inc. 2005, *Annual Report*, http: //edgar. sec. gov.

Barnouw, E. 1966, *A Tower in Babel*, Oxford: Oxford University Press.

Bartels, L. M, 1988, *Presidential Primaries and the Dynamics of Public Choice*, Princeton, NJ: Princeton University Press.

Bartlett, B. , 2003, "Blog On", *National Review Online*, January 6, http: //www. nationalreview. com/ nrofbartlett/bartlett010603. asp.

Baum, M. A. , and S. Kernell, 1999, "Has Cable Ended the Golden Age of Presidential Television?", *American Political Science Review* 93: 99 – 114.

Bear, N. Z. , 2004, "Weblogs by Average Daily Traffic", http: //www. truthlaidbear. com/ TrafficRanking. php (accessed December 5, 2004).

Benkler, Y. , 2006, *The Wealth of Networks: How Social Production Transforms Markets and Freedom*, New Haven, CT: Yale University Press.

Bennett, W. L. , 2003a, "The Burglar Alarm That Just Keeps Ringing: A Response to Zaller", *Political Communication* 20: 131 – 38.

——. 2003b, "Communicating Global Activism: Strengths and Vulnerabilities of Networked Politics", *Information, Communications, and Society* 6: 143 – 68.

Berkowitz, P. , 1996, "The Debating Society", *New Republic*, November 25, 36 – 42.

Berman, A. , 2008, "The Dean Legacy", *Nation*, March 17, http: //www. thenation. com/ doc/ 20080317/berman.

Berners – Lee, T. , 2000, *Weaving the Web*, New York: HarperBusiness.

Bimber, B. , 1998, "The Internet and Political Transformation: Populism, Community, and Accelerated Pluralism", *Polity* 31: 133 – 60.

——. 2000, "The Gender Gap on the Internet", *Social Science Quarterly* 81: 868 – 76.

——. 2001, "Information and Political Engagement in America: The Search for Effects of Information Technology at the Individual Level", *Political Research Quarterly* 54: 53 – 67.

——. 2003a. , *Information and American Democracy: Technology in the Evolution of Political Power*, Cambridge: Cambridge University Press.

——. 2003b. , "Notes on the Diffusion of the Internet", Report. University of California at Santa Barbara, http: //www. polsci. ucsb. edu/faculty/bimber/Internet – Diffusion. htm.

Bimber, B. , and R. Davis, 2003, *Campaigning Online: The Internet in U. S. Elections*, New York: Oxford University Press.

Bishop, T. , 2004, "Bloggers Rule the Day in Earliest Reporting", *Baltimore Sun*, November 3, 13B.

"Blog – Hopping", 2004, *Columbus Dispatch*, July 12, 06A.

Bloom, J. D. , 2003, "The Blogosphere: How a Once Humble Medium Came to Drive Elite Discourse and Influence Public Policy and Elections", Paper presented at the 2003 annual meeting of the American Political Science Association, Philadelphia, August 28.

Boczkowski, P. J. , 2005, *Digitizing the News: Innovation in Online Newspapers*, Cambridge, MA: MIT Press.

Borenstein, S. , and G. Saloner, 2001, "Economics and Electronic Commerce", *Journal of Economic Perspectives* 15: 3 – 12.

Boyle, J. , 1996, *Shamans, Software, and Spleens: Law and the Construction of the Information Society*, Cambridge, MA: Harvard University Press.

Brin, S. , and L. Page, 1998, "The Anatomy of a Large – Scale Hypertextual Web Search Engine", *Computer Networks and ISDN Systems* 30: 107 – 17.

Bromage, A. W. , 1930, "Literacy and the Electorate", *American Political Science Review* 24: 946 – 62.

Brown, M. , 1994, "Using Gini – Style Indices to Evaluate the Spatial Patterns of Health Practitioners: Theoretical Considerations and an Application Based on Alberta Data", *Social Science*

Medicine 38: 1243 – 56.

158 Brynjolfsson, E. , and L. M. Hitt, 2000, "Beyond Computation: Information Technology, Organizational Transformation, and Business Performance", *Journal of Economic Perspectives* 14: 23 – 48.

Campbell, K. , 2002, "You, Too, Can Have a Voice in Blogland", *Christian Science Monitor*, June 19, Features sec. p. 12.

Cappelli, P. , and M. Hamori, 2004, "The Path to the Top", National Bureau of Economic Research working paper no. w10507, http: //www. nber. org/papers/w10507.

Castells, M. , 2000, *The Information Age: Economy, Society, Culture*, Oxford: Blackwell.

Cederman, L. – E. , 2003, "Modeling the Size of Wars: From Billiard Balls to Sand Piles", *American Political Science Review* 97: 135 – 50.

Center for Responsive Politics (CRP), 2004, *Report on* 2004 *Donor Demographics*, http: // www. opensecrets. org/presidential/donordems. asp.

Chaddock, G. R. , 2005, "Their Clout Rising, Blogs Are Courted by Washington's Elite", *Christian Science Monitor*, October 27, USA Sec. , 1.

Chadwick, A. , 2006, *Internet Politics*, Oxford: Oxford University Press.

Cho, J. , and S. Roy, 2004, "Impact of Search Engines on Page Popularity", In *WWW'* 04: *Proceedings of the 13th International Conference on the World Wide Web*, 20 – 29, New York: ACM Press.

Cleaver, H. M. , Jr. , 1998, "The Zapatista Effect: The Internet and the Rise of an Alternative Political Fabric", *Journal of International Affairs* 51: 621 – 22.

Cohen, A. , 2006, "Why the Democratic Ethic of the World Wide Web May Be about to End", *New York Times*, Editorial observer, May 28, http: //www. nytimes. com/2006/05/28/opinion/ 28sun3. html.

Cohen, J. , 1989, "Deliberation and Democratic Legitimacy", In *The Good Polity*, ed. A. Hamlin and P. Pettit, 17 – 34, Oxford: Blackwell.

Colford, P. D. , 2004, "Big Blog Bucks", *New York Daily News*, October 5, 52.

Connolly – Ahern, C. , A. P. Williams, and L. L. Kaid, 2003, "Hyperlinking as Gatekeeping: Online Newspaper Coverage of the Execution of an American Terrorist", *Journalism Studies* 4: 401 – 14.

Cornfield, M. , and L. Raine, 2003, *Untuned Keyboards: Online Campaigners, Citizens, and Portals in the 2002 Elections*, Washington, DC: Institute for Politics, Democracy, and the Internet.

Cortes, C. , and V. Vapnik, 1995, "Support – Vector Networks", *Machine Learning* 20: 273 – 97.

Crowe, R. , 2005, "Bush, Kerry Aides Reflect on' 04 Campaign", *Houston Chronicle*, January 27, A11.

U. S. Census Bureau, 2001, "Households and Families", Census 2000 brief, Washington, DC, September, http: //www. census. gov/prod/2001pubs/c2kbr01 – 8. pdf.

Curtin, M. , 2000, "Gatekeeping in the Neo – Network Era", In *Advocacy Groups and the Entertainment Industry*, ed. M. Suman and G. Rossman, Westport, CT: Praeger, 217 – 46.

Davis, R. , 1998, *The Web of Politics*, Oxford: Oxford University Press.

Deibert, R. J. , 2000, "International Plug' n' Play? Citizen Activism, the Internet, and Global Public Policy", *International Studies Perspectives* 1: 255 – 72.

——. 2003, "Black Code: Censorship, Surveillance, and the Militarization of Cyberspace", Paper presented at the International Studies Association Conference, Portland, OR, February 25.

Dertouzos, J. N. , and W. B. Trautman, 1990, "Economic Effects of Media Concentration: Estimates from a Model of the Newspaper Firm", *Journal of Industrial Economics* 39: 1 – 14.

Dijk, J. A. G. M. V. , 2005, *The Deepening Divide: Inequality in the Information Society*, Thousand Oaks, CA: Sage Publications.

Dill, S. , R. Kumar, K. S. McCurley, S. Rajagopalan, D. Sivakumar, and A. Tomkins, 2002, "Self – Similarity in the Web", *ACM Transactions on Internet Technology* 2: 205 – 23.

DiMaggio, P. , E. Hargittai, C. Ceste, and S. Shafer, 2004, "Digital Inequality: From Unequal Access to Differentiated Use", In *Social Inequality*, ed. K. Neckerman, 355 – 400, New York: Russell Sage Foundation.

Ding, C. , X. He, P. Husbands, H. Zha, and H. Simon, 2002, "PageRank, HITS, and a Unified Framework for Link Analysis", Berkeley, CA: Lawrence Berkeley National Laboratory.

Drezner, D. W. , and H. Farrell, 2004a, "The Power and Politics of Blogs", Paper presented at the annual meeting of the American Political Science Association, Chicago, September 2 – 5.

——. 2004b. , "Web of Influence", *Foreign Policy* 145: 32 – 40.

Drum, K. , 2005, "Of Blogs and Men", Blog entry February 18, http: //www. washingtonmonthly. com/archives/individual/005685. php.

Dryzek, J. S. , 2002, *Deliberative Democracy and Beyond: Liberals, Critics, Contestations*, Oxford: Oxford University Press.

Epstein, E. J. , 1974, *News from Nowhere: Television and the News*, New York: Vintage Books.

Falcone, M. , 2003, "Dear Campaign Diary: Seizing the Day, Online", *New York Times*, Sep-

159

tember 11, G1.

Faler, B. , 2004a, "Online, Political, and Influential; Survey: Visitors to Candidate Web Sites Are Opinion Leaders", *Washington Post*, February 9, A05.

——. 2004b, "Some Candidates Turn to Blogs to Place Ads; Sites Are Low – Cost, Reach Thousands", *Washington Post*, April 18, A05.

160 Fallows, D. , 2005, *Search Engine Users*, January 23, Washington, DC: Pew Internet and American Life Project.

Faloutsos, M. , P. Faloutsos, and C. Faloutsos, 1999, "On Power – Law Relationships of the Internet Topology", In *SIGCOMM*, 251 – 62.

Fasoldt, A. , 2003, "The Mighty Blog: Lott Saga a Milestone for Online Pundits", *New Orleans Times – Picayune*, January 8, Living sec. , 3.

Fishman, M. , 1980, *Manufacturing the News*, Austin: University of Texas Press.

Foot, K. , and S. Schneider, 2006, *Web Campaigning*, Cambridge, MA: MIT Press.

Fortunato, S. , A. Flammini, F. Menczer, and A. Vespignani, 2006, "The Egalitarian Effect of Search Engines", *Proceedings of the National Academy of Sciences* 103: 12684 – 89.

Franklin, C. H. , 1992, "Measurement and the Dynamics of Party Identification", *Political Behavior* 14: 297 – 309.

Frantzich, S. , 2004, "Technology and the U. S. Congress: Looking Back and Looking Forward", *Information Polity* 9: 103 – 13.

Gamson, J. , 2003, "Gay Media, Inc. : Media Structures, the New Gay Conglomerates, and Collective Sexual Identities", In *Cyberactivism: Online Activism in Theory and Practice*, ed. M. McCaughey and M. D. Ayers, 255 – 79, London: Routledge.

Gandy, O. H. , 2002, "The Real Digital Divide: Citizens versus Consumers", In *The Handbook of New Media*, ed. L. Lievrouw and S. Livingstone, 448 – 60, Thousand Oaks, CA: Sage Publications.

Gans, H. J. , 1980, *Deciding What's News*, New York: Vintage Books.

Garrido, M. , and A. Halavais, 2003, "Mapping Networks of Support for the Zapatista Movement", In *Cyberactivism: Online Activism in Theory and Practice*, ed. M. McCaughey and M. D. Ayers, 165 – 84, London: Routledge.

Gates, B. , 2000, *Business at the Speed of Thought: Succeed in the Digital Economy*, New York: Warner Business Books.

Geras, N. , 2004, "The Normblog Profile 16: Glenn Reynolds", Interview, January 9, http: // normblog. typepad. com/normblog/2004/01/the_ normblog_ pr_ 1. html.

Gillmor, D. , 2004, *We the Media*, Cambridge, MA: O'Reilly.

Gini, C. , 1921, "Measurement of Inequality of Incomes", *Economic Journal* 31: 124 – 26.

Google, Inc. , 2005, *Annual Report*, http: //edgar. sec. gov.

Green, D. P. , B. Palmquist, and E. Schickler, 2002, *Partisan Hearts and Minds: Political Parties and the Social Identities of Voters*, New Haven, CT: Yale University Press.

Grossman, L. K. , 1995, *The Electronic Republic: Reshaping Democracy in the Information Age*, New York: Viking Penguin.

Guthrie, J. , 2004, "Fellow Anchors Defend Rather on Forged Papers", *San Francisco Chronicle*, 161
October 3, A2.

Gutmann, A. , and D. Thompson, 1996, *Democracy and Disagreement*, Cambridge, MA: Harvard University Press.

Habermas, J. , 1981, *The Theory of Communicative Action*, London: Beacon Press.

——. 1996, *Between Facts and Norms: Contributions to a Discourse Theory of Law and Democracy*, Cambridge, MA: MIT Press.

Hafner, K. , 1998, *Where Wizards Stay Up Late*, New York: Simon and Schuster.

Halloran, L. , 2004, "Slogging through Convention Blogs", *Hartford Courant*, July 29, D1.

Hamilton, J. T. , 2004, *All the News That's Fit to Sell: How the Market Transforms Information into News*, Princeton, NJ: Princeton University Press.

Hansell, S. , 2006, "Google Posts 60% Gain in Earnings", *New York Times*, http: //www. nytimes. com/2006/04/21/technology/21google. htm.

Hargittai, E. , 2000, "Open Portals or Closed Gates? Channeling Content on the World Wide Web", *Poetics* 27: 233 – 53.

——. 2003, "How Wide a Web? Inequalities in Accessing Information Online", PhD diss. , Princeton University.

Hartlaub, P. , 2004a. , "Unbound by Tradition, Boston Bloggers Exercise Fresh Freedom of the Press", *San Francisco Chronicle*, July 30, E1.

——. 2004b. , "Web Sites Provide Alternative to Wary TV Coverage", *San Francisco Chronicle*, November 3, A14.

Healy, P. , and J. Zeleny, 2008, "Obama Outshines Clinton at Raising Funds", *New York Times*, February 8, http: //www. nytimes. com/2008/02/08/us/politics/08clinton. html.

Herring, S. , 2002, "Searching for Safety Online: Managing 'Trolling' in a Feminist Forum", *Information Society* 18: 371 – 84.

Hewitt, H. , 2005, *Blog: Understanding the Information Reformation That's Changing Your*

World, Nashville, TN: Nelson Books.

Hirschman, A. O. , 1964, "The Paternity of an Index", *American Economic Review* 54: 761 – 62.

Hitwise, 2007, "Methodology FAQ", Hitwise Competitive Intelligence, http: //clients. hitwise. com/ faq/ index. html.

Horn, J. , 2004, "Exit Polls Bog Down the Blogs", *Los Angeles Times*, November 3, A33.

Howard, P. N. , 2005, *New Media Campaigns and the Managed Citizen*, New York: Cambridge University Press.

Huberman, B. A. , 2001, *Laws of the Web*, Cambridge, MA: MIT Press.

Huberman, B. A. , P. L. T. Pirolli, J. E. Pitkow, and R. M. Lukose, 1998, "Strong Regularities in World Wide Web Surfing", *Science* 280: 95 – 97.

Introna, L. D. , and H. Nissenbaum, 2000, "Shaping the Web: Why the Politics of Search Engines Matters", *Information Society* 16: 169 – 85.

Jansen, B. J. , and A. Spink, 2006, "How Are We Searching the World Wide Web? A Comparison of Nine Search Engine Transaction Logs", *Information Processing and Management* 42: 248 – 63.

Jansen, B. J. , A. Spink, J. Bateman, and T. Saracevic, 1998, "Real Life Information Retrieval: A Study of User Queries on the Web", *SIGIR Forum* 32: 5 – 17.

Jennings, M. K. , and V. Zeitner, 2003, "Internet Use and Civic Engagement: A Longitudinal Analysis", *Public Opinion Quarterly* 67: 311 – 34.

Joachims, T. , 1998, "Text Categorization with Support Vector Machines: Learning with Many Relevant Features", In *Proceedings of ECML – 98, 10th European Conference on Machine Learning*, ed. C. Nédellec and C. Rouveirol, 137 – 42, Heidelberg: Springer Verlag.

Johnson, D. B. , and J. R. Gibson, 1974, "The Divisive Primary Revisited: Party Activists in Iowa", *American Political Science Review* 68: 67 – 77.

Johnson, T. J. , and B. K. Kaye, 2003, "A Boost or Bust for Democracy?", *Harvard International Journal of Press and Politics* 8: 9 – 34.

——. 2004, "Wag the Blog: How Reliance on Traditional Media and the Internet Influence Credibility Perceptions of Weblogs among Blog Users", *Journalism and Mass Communication Quarterly* 81: 622 – 42.

Justice, G. , 2004, "Kerry Kept Money Coming with Internet as His ATM", *New York Times*, November 6, A12.

Kahn, R. , and D. Kellner. , 2004, "New Media and Internet Activism: From the Battle of Seattle

162

to Blogging", *New Media and Society* 6: 87 – 95.

Karmark, E. C. , and J. S. Nye, eds, 2002, *Governance. com: Democracy in the Information Age*, Washington, DC: Brookings.

Kayany, J. M. , 1998, "Contexts of Uninhibited Online Behavior: Flaming in Social Newsgroups on Usenet", *Journal of the American Society for Information Science* 49: 1135 – 41.

Kelley, S. , 1962, "Campaign Debate: Some Facts and Figures", *Public Opinion Quarterly* 26: 351 – 66.

Kessler, J. , 2004, "Call of the Blog", *Atlanta Journal – Constitution*, August 17, 1JJ.

Kleinberg. J. M. , 1999, "Authoritative Sources in a Hyperlinked Environment", *Journal of the ACM* 46: 604 – 32.

Klotz, R. J. , 2004, *The Politics of Internet Communication*, New York: Rowman and Littlefield.

Knight Ridder, Inc. , 2005, Annual Report, http: //edgar. sec. gov.

Kohut, A. , 2005, "The Dean Activists: Their Profile and Prospects", April 6, Washington, DC: Pew Research Center for People and the Press.

Kornblum, J. , 2003, "Welcome to the Blogosphere", *USA Today*, July 8, 7D.

Krueger, B. S. , 2002, "Assessing the Impact of Internet Political Participation in the United States: A Resource Approach", *American Political Research* 30: 476 – 98.

Krugman, P. , 1994, "Complex Landscapes in Economic Geography", *American Economic Review* 84: 412 – 16.

Kumar, R. , P. Raghavan, S. Rajagopalan, and A. Tomkins, 1999, "Trawling the Web for Emerging Cyber – communities", *Computer Networks* 31: 1481 – 93.

Last, J. V. , 2002, "Reading, Writing, and Blogging", *Weekly Standard*, March 14, http: // www. weeklystandard. com/Content/Public/Articles/000/000/001/009flofq. asp.

Lawrence, S. , and C. L. Giles, 1998, "Searching the World Wide Web", *Science* 280: 98 – 100.

Lebert, J. , 2003, "Wiring Human Rights Activism: Amnesty International and the Challenges of Information and Communication Technologies", In *Cyberactivism: Online Activism in Theory and Practice*, ed. M. McCaughey and M. Ayers, 209 – 32, London: Routledge.

LeCun, Y. , L. Jackel, L. Bottou, A. Brunot, C. Cortes, J. Denker, H. Drucker, I. Guyon, U. Muller, E. Sackinger, P. Simard, and V. Vapnik, 1995, "Comparison of Learning Algorithms for Handwritten Digit Recognition", In *International Conference on Artificial Neural Networks*, ed. F. Fogelmon and P. Gallinari, 53 – 60, Paris: EC2 et Cie.

Lenhart, A. , and S. Fox, 2006, *Bloggers: A Picture of the Internet's New Storytellers*, Washing-

163

ton, DC: Pew Internet and American Life Project, http: //www. pewinternet. org/PPF/r/ 186/ report_ display. asp.

Lenhart, A. , J. Horrrigan, L. Rainie, A. Boyce, M. Madden, and E. O' Grady, 2003, "The Ever – Shifting Internet Population: A New Look at Internet Access and the Digital Divide", April 16, Washington, DC: Pew Internet and American Life Project.

Lentz, J. , 2001, *Electing Jesse Ventura*, Boulder, CO: Lynne Rienner Publishers.

Lessig, L. , 1999, *Code and Other Laws of Cyberspace*, New York: Basic Books.

——. 2001, *The Future of Ideas*, New York: Random House.

Levey, N. M. , 2006, "Anti – Foley Blogger Speaks Out", *Los Angeles Times*, November 10, A13.

Lewin, K. , 1947, "Frontiers in Group Dynamics", *Human Relations* 1 (2): 143 – 53.

Lijphart, A. , 1997, "Unequal Participation: Democracy's Unresolved Dilemma", *American Political Science Review* 91: 1 – 14.

Liljeros, F. , C. R. Edling, L. A. Nunes Amaral, H. E. Stanley, and Y. Aberg, 2001, "The Web of Human Sexual Contacts", *Nature* 411: 907 – 8.

Lillkvist, M. , 2004, "Advertising Sales Take Off on Internet Blogs", *Wall Street Journal*, March 16, D6.

Littan, R. E. , and A. M. Rivlin, 2001, "Projecting the Economic Impact of the Internet", *American Economic Review* 91: 313 – 17.

Lohr, S. , and S. Hansell, 2006, "Microsoft and Google Set to Wage Arms Race", *New York Times*, http: //www. nytimes. com/2006/05/02/technology/02google. html.

Lucking – Reiley, D. , and D. F. Spulber, 2001, "Business – to – Business Electronic Commerce", *Journal of Economic Perspectives* 15: 55 – 68.

Luo, M. , 2008, "Small Online Contributions Add Up to a Huge Edge for Obama", *New York Times*, February 20, http: //www. nytimes. com/2008/02/20/us/politics/20obama. html.

Lupia, A. , and G. Sin. , 2003, "Which Public Goods Are Endangered? How Evolving Communications Technologies Affect The Logic of Collective Action", *Public Choice* 117: 315 – 31.

Macedo, S. , Y. Alex – Assensoh, J. M. Berry, M. Brintnall, D. E. Campbell, L. R. Fraga, A. Fung, W. A. Galston, C. F. Karpowitz, M. Levi, M. Levinson, K. Lipsitz, R. G. Niemi, R. D. Putnam, W. M. Rahn, R. Reich, R. R. Rodgers, T. Swanstrom, and K. C. Walsh, 2005, *Democracy at Risk: How Political Choices Undermine Citizen Participation and What We Can Do about It*, Washington, DC: Brookings Institution Press.

MacIntyre, B. , 2004, "Welcome to the New Tom Paines", *London Times*, November 13, 30.

Malcolm, A. , 2008, "News Shocker: Ron Paul Was Biggest GOP Fundraiser Last Quarter", *Los Angeles Times*, Top of the Ticket blog, February 2, http: //latimesblogs. latimes. com/ washington/2008/02/news – shocker – ro. html.

Manuel, M. , 2004, "Boston E – Party", *Atlanta Journal – Constitution*, July 25, 1E.

Marendy, P. , 2001, "A Review of World Wide Web Searching Techniques, Focusing on HITS and Related Algorithms That Utilise the Link Topology of the World Wide Web to Provide the Basis for a Structure – Based Search Technology", Working paper, James Cook University, North Queensland, Australia.

Margolis, M. , and D. Resnick, 2000, *Politics as Usual: The Cyberspace "Revolution"*, Thousand Oaks, CA: Sage Publications.

Martinez, J. , 2004, "Wild, Wild Web", *Denver Post*, August 13, B07.

Matheson, D. , 2004, "Weblogs and the Epistemology of the News: Some Trends in Online Journalism", *New Media and Society* 6: 443 – 68.

May, C. , 2002, *The Information Society: A Sceptical View*, Cambridge, UK: Polity Press.

McCarthy, E. , 2004, "Beltway Bloggers; Personal Politics Turn Communal on a Web of Local Internet Sites", *Washington Post*, February 7, E01.

McChesney, R. W. , 1990, "The Battle for the U. S. Airwaves, 1928 – 1935", *Journal of Communication* 40: 29 – 57.

McCubbins, M. D. , and T. Schwartz, 1984, "Congressional Oversight Overlooked: Police Patrols versus Fire Alarms", *American Journal of Political Science* 28: 165 – 79.

McLaine, S. , 2003, "Ethnic Online Communities: Between Profit and Purpose", In *Cyberactivism: Online Activism in Theory and Practice*, ed. M. McCaughey and M. D. Ayers, 233 – 54, London: Routledge.

Megna, M. , 2002, "Web Logs Enable Anyone with an Opinion to Be Heard", *New York Daily News*, November 10, Lifeline sec. , 6.

Memmott, M. , 2004, "Blogs, Journalism: Different Factions of the Write Wing", *USA Today*, July 27, 6A.

Meyer, P. , 1995, "Learning to Love Lower Profits", *American Journalism Review*, December, 40 – 44.

Miller, W. E. , and J. M. Shanks, 1996, *The New American Voter*, Cambridge, MA: Harvard University Press.

Morahan – Martin, J. M. , 2004, "How Internet Users Find, Evaluate, and Use Online Health Information: A Cross – cultural Review", *Cyberpsychology and Behavior* 7: 497 – 510.

165

211

Morse, R. , 2004, "Web Forum Shapes Political Thinking: Dem Consultant in Berkeley Builds Blog into Influential Tool", San Francisco Chronicle, January 15. http: //sfgate. com/ cgi - bin/article. cgi? f = /c/a/2004/01/15/BAGR14A8Q71. DTL.

Mossberger, K. , C. J. Tolbert, and M. Stansbury, 2003, Virtual Inequality: Beyond the Digital Divide, Washington, DC: Georgetown University Press.

Nagourney, A. , 2003, "For Democrats, an Early Chance to Sample the 2004 Line of Presidential Candidates", New York Times, February 22, A11.

National Advisory Council on Radio in Education (NACRE), 1937, Four Years of Network Broadcasting. Chicago: University of Chicago Press. Report of the National Committee on Radio in Education and the American Political Science Association.

National Telecommunications and Information Administration (NTIA), 2000, Falling through the Net: Toward Digital Inclusion, Report, February, Washington, DC: National Telecommunications and Information Administration.

——. 2002, A Nation Online: How Americans Are Expanding Their Use of the Internet, Report, February, Washington, DC: National Telecommunications and Information Administration.

Negroponte, N. , 1995, Being Digital, New York: Knopf.

Nevius, C. W. , 2004, "Blogs Alter Political Landscape", San Francisco Chronicle, November 2, B1.

New York Times Digital, 2004, "Site Statistics", http: //www. nytdigital. com/learn/statistics. html (accessed January 2005).

New York Times, Inc. 2005, Annual Report, http: //edgar. sec. gov.

Nielsen, J. , 1999, Designing Web Usability: The Practice of Simplicity, New York: New Riders Press.

Nino, C. S. , 1998, The Constitution of Deliberative Democracy, New Haven, CT: Yale University Press.

Noam, E. , 2003, "The Internet: Still Wide Open and Competitive?", OII issue brief no. 1, Oxford: Oxford Internet Institute.

——. 2004, "How to Measure Media Concentration", Financial Times, September 7, 15.

Norris, P. , 2001, Digital Divide: Civic Engagement, Information Poverty, and the Internet in Democratic Societies, New York: Cambridge University Press.

O' Gorman, K. , 2007, "Brian Williams Weighs in on New Medium", We Want Media, April 6, http: //journalism. nyu. edu/pubzone/wewantmedia/node/487.

Orwell, G. , 1946, "Politics and the English Language", Horizon (London), April.

166

Osuna, E. , R. Freund, and F. Girosi, 1997, "An Improved Training Algorithm for Support Vector Machines", In *Neural Networks for Signal Processing: Proceedings of the TEEE Workshop*, Amelia Island, FL, September 24 – 26, 276 – 85.

Owen, B. M. , 1999, *The Internet Challenge to Television*, Cambridge, MA: Harvard University Press.

Page, B. I. , and R. Y. Shapiro, 1992, *The Rational Public: Fifty Years of Trends in Americans' Policy Preferences*, Chicago: University of Chicago Press.

Pandurangan, G. , P. Raghavan, and E. Upfal, 2002, "Using PageRank to Characterize Web Structure", Paper presented at the annual International Computing and Combinatorics conference, (COCOON), Singapore, August 15 – 17.

Pareto, V. , 1897, *Cours d' Economie Politique*, Vol. 2. Lausanne: F. Rouge.

Pass, G. , A. Chowdhury, and C. Torgeson, 2006, "A Picture of Search", In *Proceedings of the 1st International Conference on Scalable Information Systems*, New York: ACM Press.

Pennock, D. M. , G. W. Flake, S. Lawrence, E. J. Glover, and C. L. Giles, 2002, "Winners Don't Take All: Characterizing the Competition for Links on the Web", *Proceedings of the National Academy of Sciences* 99: 5207 – 11.

Perrone, J. , 2004, "Online: Blog Watch: Unconventional", Guardian, July 29, 20.

Pew Center for People and the Press, 2006, "Online Papers Modestly Boost Newspaper Readership", Washington, DC, July 30, http: // pewresearch. org/pubs = 238/online – papers – modestly – boost – newspaper – readership.

Picard, R. G. , 2002, *The Economics and Financing of Media Companies*, New York: Fordham University Press.

Platt J. , 1998, Sequential Minimal Optimization: A Fast Algorithm for Training Support Vector Machines, Technical report no. 98 – 14, Microsoft Research, Redmond, Washington, April, http: //www. research. microsoft. com/jplatt/smo. html.

Postmes, T. , and S. Brunsting, 2002, "Collective Action in the Age of the Internet", *Social Science Computer Review* 20: 290 – 301.

Powell, M. K. , 2002, Remarks of the FCC Chairman at the Broadband Technology Summit, U. S. Chamber of Commerce, Washington, DC, April 30, http: //www. fcc. gov/Speeches/Powell/ 2002/spmkp205. html.

Prior, M. , 2007, *Post – Broadcast Democracy*, New York: Cambridge University Press.

Project for Excellence in Journalism, 2007, *State of the News Media 2007*, Washington, DC, http: //www. stateofthenewsmedia. com/2007.

167

Putnam, R. D. , 2000, *Bowling Alone: The Collapse and Revival of American Community*, New York: Simon and Schuster.

Quindlen, A. , 2006, "The Glass Half Empty", *New York Times*, November 22, A27.

Ranie, L. , 2005, "The State of Blogging", Data memo, January, Washington, DC: Pew Internet and American Life Project, http: //www. pewinterne – www. pewinternet. org/pdfs/PIP_ blogging_ data. pdf.

Rapoport, R. B. , and W. J. Stone, 1999, "National Survey of Callers to the Perot 1 – 800 Numbers, 1992", Computer file. ICPSR version. Study no. 2809, http: //webapp. icpsr. umich. edu/ cocoon/ICPSR – STUDY/06143. xml.

Rawls, J. , 1995, *Political Liberalism*, New York: Columbia University Press.

Reddaway, W. B. , 1963, "The Economics of Newspapers", *Economic Journal* 73: 201 – 18.

Reed, T. H. , 1937, "Commercial Broadcasting and Civic Education", *Public Opinion Quarterly* 1: 57 – 67.

Reynolds, G. , 2006, *An Army of Davids: How Markets and Technology Empower Ordinary People to Beat Big Media, Big Government, and Other Goliaths*, Washington, DC: Nelson Current.

Reynolds, G. , and H. Reynolds, 2006, "The Glenn and Helen Show: Interviewing Chris Anderson about the Long Tail", Blog post with link to podcast, July 11, http: //instapundit. com/ archives/031380. php.

Rheingold, H. , 2003, *Smart Mobs: The Next Social Revolution*, New York: Basic Books.

Rogers, R. , 2004, *Information Politics on the Web*, Cambridge, MA: MIT Press.

Roscoe, T. , 1999, "The Construction of the World Wide Web Audience", *Media, Culture, and Society* 21: 673 – 84.

Rosen, J. , 2004, "Your Blog orMine?", *New York Times Magazine*, December 19, 24.

Rosenstone, S. J. , and M. Hansen, 1993, *Mobilization, Participation, and Democracy in America*, New York: Macmillan.

Rosse, J. N. , 1967, "Daily Newspapers, Monopolistic Competition, and Economies of Scale", *American Economic Review* 57: 522 – 33.

——. 1970, "Estimating Cost Function Parameters without Using Cost Data: Illustrated Methodology", *Econometrica* 38: 256 – 75.

——. 1980, "The Decline of Direct Newspaper Competition", *Journal of Competition* 30: 65 – 71.

Rothenberg, R. , 2007, "An Open Letter to comScore and Nielsen//NetRatings", Interactive Adversting Bureau, New York: April 20, http: //www. iab. net/news/pr_ 2007 _ 04 _

168

20. asp.

Saad, L. , 2005, *Blogs Not Yet in the Media Big Leagues*, Report, March 11, Princeton, NJ: Gallup.

Samuelson, R. J. , 2004, "Bull Market for Media Bias", *Washington Post*, June 23, A21.

Sanders, L. M. , 1997, "Against Deliberation", *Political Theory* 25: 347 – 76.

Schattschneider, E. E. , 1960, *The Semisovereign People: A Realist's View of Democracy in America*, New York: Holt, Rinchart and Winston.

Schudson, M. , 1999, *The Good Citizen: A History of American Civic Life*, Cambridge, MA: Harvard University Press.

Scott, E. , 2004, " 'Big Media' Meets the 'Blogger': Coverage of Trent Lott's Remarks at Strom Thurmond's Birthday Party", Kennedy School of Government Case Program, Case 1731, March, http: //www. ksg. harvard. edu/presspol/Research _ Publications/Case _ Studies/ 1731_ 0. pdf.

Seipp, C. , 2002, "Online Uprising", *American Journalism Review*, June, 42.

Semel, T. , 2006, "Navigating Yahoo!", Interview with Ken Auletta, May 11, http: //www. newyorker. com/videos/060511onvi_ video_ semel.

Seper, C. , 2004a, "Can Blogs Claim Victory in Blocking Anti – Kerry Film?", *Cleveland Plain Dealer*, October 21, A18.

——. 2004b. , "For Good or Ill, Blogs Make Waves", *Cleveland Plain Dealer*, October 7, A1.

Shafer, J. , 2006, "Judith Miller's New Excuse", Slate, March 16, http: //www. slate. com/ id/ 2138161.

Shah, D. V. , N. Kwak, and R. L. Holbert, 2001, " 'Connecting' and 'Disconnecting' with Civic Life: Patterns of Internet Use and the Production of Social Capital", *Political Communication* 18: 141 – 62.

Shah, D. V. , J. M. McLeod, and S. H. Yoon, 2001, "Communication, Context, and Community: An Exploration of Print, Broadcast, and Internet Influences", *Communication Research* 28: 464 – 506.

Shapiro, A. L. , 1999, *The Control Revolution*, New York: Public Affairs.

Shirky, C. , 2004, "Inequality in the Weblog World", Seminar presentation at the Berkman Center for Internet and Society, Harvard Law School, January 24.

Silverstein, C. , M. Henzinger, H. Marais, and M. Moricz, 1998, "Analysis of a Very Large Alta-Vista Query Log", *SRC Technical Note* 1998 – 014, October 26.

Smith, J. , 2001, "Globalizing Resistance: The Battle of Seattle and the Future of Social Move-

169

ments", *Mobilization: An International Quarterly* 6: 1 – 19.

Smolkin, R. , 2004, "Photos of the Fallen", *American Journalism Review* (June – July): 38.

Snider, J. H. , 1996, "New Media, Potential Information, and Democratic Accountability: A Case Study of Governmental Access Community Media", Paper presented at the annual meeting of the American Political Science Association, San Francisco, 1996, August 28 – September 1.

——. 2001, " E – Democracy as Deterrence: Public Policy Implications of a Deterrence Model of Democratic Accountability", Paper presented at the annual meeting of the American Political Science Association, San Francisco, August 30 – September 2.

Snider, P. B. , 1967, "Mr. Gates Revisited: A 1966 Version of the 1949 Case Study", *Journalism Quarterly* 44: 419 – 27.

Song, C. , S. Havlin, and H. A. Makse, 2005, "Self – Similarity of Complex Networks", *Nature* 433: 392 – 95.

Soto, M. , 2001, "New Toys R Us Venture a Novel Strategy for Amazon. com", *Seattle Times*, May 23, D1.

Spink, A. , S. Ozmutlu, H. C. Ozmutlu, and B. J. Jansen, 2002, " U. S. versus European Web Searching Trends", *ACM SIGIR Forum* 36: 32 – 38.

Starr, P. , 2004, *The Creation of the American Media: The Political Origins of Modern Communications*, New York: Basic Books.

Stone, L. , 2004, "A Nod to Blogs: More Views for the Grass Roots to Graze On", *Los Angeles Times*, July 30, E35.

Stromer – Galley, J. , 2000, "On – line Interaction and Why Candidates Avoid It", *Journal of Communication* 50: 111 – 32.

Sundar, S. S. , S. Kalyanaraman, and J. Brown, 2003, "Explicating Web Site Interactivity", *Communication Research* 30: 30 – 59.

Sunstein, C. , 2001, *Republic. com*. Princeton, NJ: Princeton University Press.

——. 2006, *Infoopia*, New York: Oxford University Press.

Tancer, B. , 2006, "Google Breaks 60 Percent: U. S. July Search Volume Numbers", Hitwise Competitive Intelligence, blog post, August 3, http: //weblogs. hitwise. com/bill – tancer/ 2006/08/us_ july_ search_ volume_ numbers. html.

Taube, M. , 2004, "Bravo to the Bloggers Who Felled a Network", *Toronto Star*, September 22, 19.

170 Thierer, A. , and C. W. Crews, 2003, "Google as Public Utility? No Results in This Search for Monopoly", *IT and T News*, December 1, http: //www. heartland. org/Article. cfm? artId =

13765.

Tolbert, C. J. , and R. S. McNeal, 2003, "Unraveling the Effects of the Internet on Political Participation?", *Political Research Quarterly* 56: 175 – 85.

Tomlin, J. A. , 2003, "A New Paradigm for Ranking Pages on the World Wide Web", In *Proceedings of the Twelfth International World Wide Web Conference*, 350 – 55, New York: ACM Press.

Trippi, J. , 2005, *The Revolution Will Not Be Televised: Democracy, the Internet, and the Overthrow of Everything*, New York: Regan Books.

U. S. Census Bureau, 2001, "Households and Families", Census 2000 brief, Washington, DC, September, http://www. census. gov/prod/2001pubs/c2kbr01 – 8. pdf.

Verba S. , K. L. Schlozman, and H. E. Brady, 1995, *Voice and Equality*, Cambridge, MA: Harvard University Press.

von Sternberg, B. , 2004, "From Geek to Chic: Blogs Gain Influence", *Minneapolis Star – Tribune*, September 22, 1A.

Wallsten, P. , 2004a, " 'Buckhead', Who Said CBS Memos Were Forged, Is a GOP – Linked Attorney", *Seattle Times*, September 18, http://seattletimes. nwsource. com/html/ nationworld/2002039080_ buckhead18. html.

——. 2004b. , "No Disputing It: Blogs Are Major Players", *New York Times*, September 12, A22.

Ward, S. , P. Nixon, and R. Gibson, 2003, "Political Parties and the Internet: An Overview", In *Net Gain? Political Parties and the Internet*, ed. R. Gibson, P. Nixon, and S. Ward, 11 – 39, London: Routledge.

Warschauer, M. , 2004, *Technology and Social Inclusion: Rethinking the Digital Divide*, Cambridge, MA: MIT Press.

Wayne, L. , and J. Zeleny, 2008, "Enlisting New Donors, Obama Reaped MYM32 Million in January", *New York Times*, February, http://www. nytimes. com/2008/02/01/us/politics/01donate. html.

"Web of Politics", 2004, *San Francisco Chronicle*, October 25, B6.

Weiss, J. , 2003, "Blogs Shake the Political Discourse: Website Bloggers Changing the Face of Political Campaigns", *Boston Globe*, July 23, A1.

White, D. M. , 1950, "The 'Gatekeeper': A Case Study in the Selection of News", *Journalism Quarterly* 27: 383 – 90.

Whittington, L. , 2005, "Byrd Raises MYM1. 2 for Next Year's Election", *Roll Call*, April 14.

Wilhelm, A. G. , 2000, *Democracy in the Digital Age: Challenges to Political Life in Cyberspace*, London: Routledge.

171 Williams, A. , 2004, "Blogged in Boston: Politics Gets an Unruly Spin", *New York Times*, August 1, sec. 9, 1.

Williams, B. A. , and M. X. Delli Carpini, 2000, "Unchained Reaction: The Collapse of Media Gatekeeping and the Clinton – Lewinsky Scandal", *Journalism* 1: 61 – 85.

Williams, C. , B. Weinberg, and J. Gordon, 2004, "When Online and Offline Politics 'Meetup'", Paper presented at the annual American Political Science Association conference, Chicago, September 2 – 5, http: //meetupsurvey. com/study/components/reports/APSApaperfinal. doc.

Wood, D. B. , 2004, "At the DNC, It's a Blog – Eat – Blog World", *Christian Science Monitor*, July 27, 10.

Yahoo! , Inc. , 2005, *Annual Report*, http: //edgar. sec. gov.

Yeager, H. , 2004, "Blogs, Bias, and 24 – Hour News", *Financial Times*, September 24, 17

Yim, J. , 2003, "Audience Concentration in the Media: Cross – Media Comparisons and the Introduction of the Uncertainty Measure, *Communication Monographs* 70: 114 – 28.

Zaller, J. , 1992, *The Nature and Origins of Mass Opinion*, Cambridge: Cambridge University Press.

——. 2003, "A New Standard of News Quality: Burglar Alarms for the Monitorial Citizen", *Political Communication* 20: 109 – 30.

Zeleny, J. , and K. Seelye, 2008, "More Money Is Pouring In for Clinton and Obama", *New York*
172 *Times*, March 7, http: //www. nytimes. com/2008/03/07/us/politics/07campaign. html.

索　引

（所注页码为英文原著页码，即本书边码；粗体页码涉及的是图表）

E

《雅理译丛》编后记

面前的这套《雅理译丛》，最初名为"耶鲁译丛"。两年前，我们决定在《阿克曼文集》的基础上再前进一步，启动一套以耶鲁法学为题的新译丛，重点收入耶鲁法学院教授以"非法学"的理论进路和学科资源去讨论"法学"问题的论著。

耶鲁法学院的师生向来以 Yale ABL 来"戏称"他们的学术家园，ABL 是 anything but law 的缩写，说的就是，美国这家最好也最理论化的法学院——除了不教法律，别的什么都教。熟悉美国现代法律思想历程的读者都会知道，耶鲁法学虽然是"ABL"的先锋，但却不是独行。整个 20 世纪，从发端于耶鲁的法律现实主义，到大兴于哈佛的批判法学运动，再到以芝加哥大学为基地的法经济学帝国，法学著述的形态早已转变为我们常说的"law and"的结构。当然，也是在这种百花齐放的格局下，法学教育取得了它在现代研究型大学中的一席之地，因此，我们没有理由将书目限于耶鲁一家之言，《雅理译丛》由此应运而生。

雅理，一取"耶鲁"旧译"雅礼"之音，意在记录这套丛书的出版缘起；二取其理正，其言雅之意，意在表达以至雅之言呈现至正之理的学术以及出版理念。

作为编者，我们由法学出发，希望通过我们的工作进一步引入法学研究的新资源，打开法学研究的新视野，开拓法学研究的新前沿。与此同时，我们也深知，现有的学科划分格局并非从来如此，其本身就是一种具体的历史文化产物（不要忘记法律现实主义的教诲"to classify is to disturb"），因此，我们还将"超越法律"，收入更多的直面问题本身的跨学科作品，关注那些闪耀着智慧火花的交叉学科作品。

在此标准之下，我们提倡友好的阅读界面，欢迎有着生动活泼形式的严肃认真作品，以弘扬学术，服务大众。《雅理译丛》旨在也志在做成有理有据、有益有趣的学术译丛。

　　第一批的书稿即将付梓，在此，我们要对受邀担任丛书编委的老师和朋友表示感谢，向担起翻译工作的学者表示感谢。正是他们仍"在路上"的辛勤工作，才成就了我们丛书的"未来"。而读者的回应则是检验我们工作的唯一标准，我们只有脚踏实地地积累经验——让下一本书变得更好，让学术翱翔在更广阔的天空，将闪亮的思想不断传播出去，这永远是我们最想做的事。

法大社·六部书坊

《雅理译丛》主编 田雷

2014 年 5 月

图书在版编目（ＣＩＰ）数据

数字民主的迷思/(美)辛德曼著；唐杰译. —北京：中国政法大学出版社，2016.1
ISBN 978-7-5620-6382-7

Ⅰ.①数… Ⅱ.①辛… ②唐… Ⅲ.①民主－研究－美国 Ⅳ.①D771.221

中国版本图书馆CIP数据核字(2015)第289315号

出 版 者　　中国政法大学出版社

地　　址　　北京市海淀区西土城路25号

邮寄地址　　北京 100088 信箱 8034 分箱　邮编 100088

网　　址　　http://www.cuplpress.com（网络实名：中国政法大学出版社）

电　　话　　010-58908524(编辑部)　58908334(邮购部)

承　　印　　固安华明印业有限公司

开　　本　　650mm×960mm　　1/16

印　　张　　16.5

字　　数　　200千字

版　　次　　2016年1月第1版

印　　次　　2017年9月第2次印刷

定　　价　　39.00元

"雅理译丛"已出书目

为何输出自由市场民主，却收获种族仇恨与全球动荡？
耶鲁大学教授"虎妈"蔡美儿代表作全新推出，
梁实秋文学奖得主刘怀昭精彩呈译。

起火的世界

〔美〕蔡美儿 著

刘怀昭 译

同为我们所珍视的权利，言论自由与学术自由间是否可能存在冲突？在这本精炼透彻的书中，一位顶尖的美国法学家对现有言论自由理论的不足提出了一种新颖的解读。

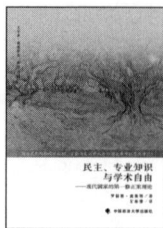

民主、专业知识与学术自由

——现代国家的第一修正案理论

〔美〕罗伯特·C.波斯特 著

左亦鲁 译

人性能否经受住战争的残酷考验？
枪炮面前法律是否真的无声？
人道观念与正义观念是齐头并进还是水火不容？
战争越猛烈，对人类越仁慈。这是一个无情的报复性守则，是使人类要么成为恶魔，要么成为绅士的许可证。

林肯守则：美国战争法史

〔美〕约翰·法比安·维特 著

胡晓进 李 丹 译

关于"三角工厂大火"最权威、最具冲击力的历史著作。这是"9·11"事件前纽约历史上最惨重的职场灾难。一场惊心动魄的大火，唤醒了美国人的良知。灾难成就了美国的兴邦之史，推动了一系列社会变革，成为美国工人斗争血汗史上的转折点。

兴邦之难：改变美国的那场大火

〔美〕大卫·冯·德莱尔 著

刘怀昭 译

在不同的现代法律制度中，法官所扮演的角色有何区别？在英美、西欧和社会主义国家中，民事诉讼当事人、刑事被告以及他们的律师各享有什么权利？在这部启人深思的著作中，一位卓越的法学家对世界各地的法律制度如何管理司法以及政治与司法的关系作了高度原创性的比较分析。

司法和国家权力的多种面孔
——比较视野中的法律程序
［美］米尔伊安·R.达玛什卡 著

郑 戈 译

作者运用哲学、文化理论、宪法学、宗教与文学研究以及政治心理学的资源，推进了政治理论的研究。在这些领域中，本书都作出了原创性的贡献。自查尔斯·泰勒的《自我的根源》之后，对于现代性自我观念的深层结构，就未曾出现过如此富有雄心的全盘省察。

摆正自由主义的位置
［美］保罗·卡恩 著

田 力 译 刘 晗 校

本书纵论古今沙场，剖辨战争方式、胜负及其后果的制度机理，从国家宪制结构的角度解释西方历史上的战争规则及其近代巨变。颠覆了传统的骑士文化解释，挑战了现代的道德正义式战争法说辞，并回应了当代国际争端中的诸多迷思困局。

战争之谕
胜利之法与现代战争形态的形成
［美］詹姆斯·Q.惠特曼 著

赖骏楠 译

本书记述了1787年至1887年间的美国百年行政法史。讨论在1787年至1801年的联邦党时期如何架构财政和税收部门、设立总检察长、设立行政课责机制、在普通法背景下进行司法审查；在1801年至1829年的民主共和党时代，如何实施禁运行政和土地行政、建构相应的内部行政控制体系；以及在1829年至1861年的杰克逊时代，第二合众国银行的消解、公职轮替与行政组织的改革、蒸汽船规制的兴起；继而讨论了镀金时代的行政法、文官制度的兴起以及退役保障金裁决和禁邮令的实施。

创设行政宪制：

被遗忘的美国行政法百年史
（1787-1887）

［美］杰里·L.马肖 著

宋华琳 张 力 译

生动重现了19世纪晚期工业世界的社会图景：令人震惊的工人伤亡率、工人的互助保险协会、大规模的移民潮、泰勒主义管理的兴起、重塑自由劳动理念的斗争、欧洲的社会工程与美国的反国家主义和个人主义的遭遇、进步时代劳动关系的政治经济学。

事故共和国（待出）

——残疾的工人、贫穷的寡妇与
美国法的重构（修订版）

［美］约翰·法比安·维特 著

田 雷 译